科学健身指导丛书

CHUANTONG WUSHI TAIJIQUAN

传统武式太极拳

张得保　杨书太 ◎ 编著

北京体育大学出版社

策划编辑：吴　珂
责任编辑：吴　珂
责任校对：田　露
版式设计：谭德毅

图书在版编目（CIP）数据

传统武式太极拳 / 张得保，杨书太编著. -- 北京 : 北京体育大学出版社，2021.9
ISBN 978-7-5644-3432-8

Ⅰ. ①传… Ⅱ. ①张… ②杨… Ⅲ. ①太极拳–基本知识 Ⅳ. ①G852.11

中国版本图书馆CIP数据核字（2020）第269189号

传统武式太极拳
CHUANTONG WUSHI TAIJIQUAN
张得保　杨书太　编著

出版发行：北京体育大学出版社
地　　址：北京市海淀区农大南路1号院2号楼2层办公B-212
邮　　编：100084
网　　址：http://cbs.bsu.edu.cn
发 行 部：010-62989320
邮 购 部：北京体育大学出版社读者服务部 010-62989432
印　　刷：唐山玺诚印务有限公司
开　　本：710 mm × 1000 mm　1/16
成品尺寸：170 mm × 240 mm
印　　张：8.5
字　　数：134千字
版　　次：2021年9月第1版
印　　次：2021年9月第1版第1次印刷
定　　价：60.00元

序

闻知书太弟与传人张得保博士应国家体育总局之约，编写《传统武式太极拳》一书，很是高兴。本书能作为国家倡导的全民健身活动中推广武式太极拳的有指导性又有实用性的普及读物出版，也是武式太极拳的一大幸事！

太极拳是人类优秀的非物质文化遗产，是中国传统文化的结晶。武式太极拳是太极拳中文化底蕴深厚、理论体系完整、拳理功法独特的重要流派，是国家级非物质文化遗产。武式太极拳自武公禹襄创拳、李公亦畬完善其理论体系后，其拳理深邃、拳法精巧、体用兼备、别具一格的显著特点和健体、表演、养生等多种功能，受到众多专家学者的重视和广大群众的青睐，其影响遍及全国，播及世界。在国家将全民健身作为优先发展战略的新时代，武式太极拳将为传承华夏文化、提高国民素质展现其独特的风采，也将迎来又一个更加灿烂的新的发展时期。

武式太极拳第五代传人杨书太是武式太极拳第三代宗师李公逊之的外孙。他在家庭环境的熏陶下，幼时受胞兄杨书法的启蒙，习练太极拳术，遂渐入门径。后又拜外祖父的得意弟子、全国太极拳十三名家之一姚公继祖为师学习武式太极拳。他为探求拳术奥秘，几十年如一日，刻苦研练。20 世纪七八十年代的交通尚不便利，他骑车四五个小时，由邢台到广府问业学艺。姚公平易近人，爱其品行，悉心传授。书太尊师重道，恭听教诲，体认揣摩，融会贯通。他性直聪慧，勤学好问，常演拳问疑于舅父泽塘公，求予指点。稍加点拨他便顿有所悟，理通法明。书太数十年来，锲而不舍，潜心研究，终有成就。他拳、杆、刀、剑俱精，尤其擅长推手。拳理拳义了然于心，拳艺拳法日臻化境。传授拳技，常以身示范，以理述真。观其身手，无不叹服。

深圳大学体育部副主任张得保博士佩服书太之技，仰慕其法，遂投拜于门下。张得保毕业于北京体育大学，为体育教育与运动训练学专业博士、硕士生导师，学识渊博。他以深厚的文化、体育功底，潜心研究、探索武式太极拳理法，身体力行，悉心体验，收获颇丰，为书太弟子中的佼佼者。

杨书太和张得保师徒二人悉心编著此书，他们为推动全民健身活动、推广武式太极拳付出的努力，必将结出丰硕的成果。

是以为序。

李旭藩

2018 年 7 月于永年

李旭藩先生：武式太极拳第二代宗师李亦畬先生的曾孙，永年广府武式太极拳研究会荣誉会长，邯郸市武式太极拳研究会、北京大学武式太极拳研究会顾问，邯郸市非物质文化遗产“武式太极拳”传承人。

前 言

中国的太极拳博大精深，蕴含丰富，是中国优秀传统文化的具体表现，是中华民族的一张亮丽名片！它体现了中国古代的哲学思想，是中国多元文化的有效载体。特别是近年来，伴随着全民健身运动的蓬勃开展，太极拳习练者日益增多，遍布全球。据不完全统计，全球习练太极拳者有两亿多人，并且还有逐年增多的发展趋势。研究证明，长期坚持科学习练太极拳，可以强身健体，预防多种疾病的发生，延年益寿。

武式太极拳是河北永年武禹襄所创，至今已有 160 多年的历史，经过武氏（禹襄）家族、李氏（亦畬）家族、郝氏（为真）家族等数代传承人的共同努力，建立了一整套完备的理论和技击体系，是中国太极拳几大流派中一支瑰丽的奇葩，对中国太极拳的发展做出了不可磨灭的贡献。武式太极拳包括拳、剑、刀、大杆、推手、功法等多项内容，其中的 108 式套路，架小简洁，内涵丰富，中正端庄，姿势紧凑。正如李氏（亦畬）后人所说，这套拳势融技击防身、强身健体、修身养性、养身医疗为一体，结构缜密，法度严谨、神形兼备、体用两全，小巧紧凑，不蔓不枝。具体行拳则需以心行气，以气领形，内固精神，外示安逸；气势腾挪鼓荡，体态端庄含蓄；起承开合，井然有序；折迭转换，变化神奇。拳架一路行来，古朴高雅，自然飘逸，技高艺强，藏而不露，虽云武术，却大有文人雅士之风。

本书编著的内容除重点讲述武式太极拳的起源、传承及经典拳论外，还从传统武式太极拳传承中精选了 108 式套路、推手习练基本方法、招法应用、太极大杆、内功心法等几个具有代表性的主干内容。具体包括以下几个章节：第一章为武式太极拳的起源与传承；第二章为武式太极拳经典拳论；第三章为武式太极拳 108 式动作习练；第四章为武式太极拳推手基本习练方法；第五章为武式太极拳招法应用；第六章为武式太极拳十三杆动作图解；第七章为武式太极拳的“内功心法”。这几部分是构成传统武式太极拳主体框架的核心内容，比较适合广大太极拳爱好者学习与参考。通过阅读本书并结合所配视频资料认真习练，完全可以理解和领悟武式太极拳的发展概况，掌握习练的基本方法和要点，达到“养生有法，防身有术”的习练目标。

服务全民健身运动，弘扬武式太极精神，是吾辈义不容辞的义务与责任！

由于时间仓促，加之作者经验不足、水平所限，书中错误在所难免，敬请专家、读者给予批评指教！

张得保　杨书太

2018 年 7 月 31 日

目　录　Contents

第一章 武式太极拳的起源与传承

一、武式太极拳的起源

武式太极拳是中国太极拳几大重要流派之一，由武禹襄（1812—1880）所创，他出身于河北永年广府东街名门望族。武禹襄的外甥李亦畲（1832—1892）于清代光绪辛巳年（1881 年）在太极拳谱《五字诀》小序中写道：“太极拳不知始自何人……我郡南关杨某爱而往学焉，专心致志，十有余年，备极精巧……。母舅禹襄见而好之，常与比较，伊不肯轻以授人。仅能得其大概。素闻豫省怀庆府赵堡镇有陈姓名清平者精于是技，逾年母舅因公赴豫省，过而访焉。研究月余而精妙始得，神乎技矣。”从历史文字记载中可知，武禹襄比较喜欢太极拳，而郡南关杨某（杨露禅）又不肯轻易传授于他，为此，他就去了河南怀庆府的赵堡镇陈清平处学习并得到真传。据传，武禹襄又从其当年任河南舞阳县知县的长兄武澄清处得到了王宗岳的《太极拳论》，回家以后就与自己的外甥李亦畲研究习练。武、李两人数十年苦心习练、研究，对太极拳理精通备至，并将其与长期习练太极拳的心得体会相融合，建立了完备的理论与实战技击体系，独创一派由“赵堡架演变而来”的太极拳，后人称之为“武式太极拳”，也有人叫“武李拳”，以区别于其他流派的太极拳。

武式太极拳第二代宗师李亦畲，效仿母舅武禹襄，常常招来乡勇，验太极技艺，“每得一招窍要，就书出贴于座右”，反复推敲，实践验证。后把王宗岳、武禹襄与自己习拳的理论精华集结成集，抄写三本，一本自存，一本赠胞弟（启轩本），一本赠与弟子郝为真，这就是被后人称为武式太极拳最具权威的“老三本”。“老三本”中的《太极拳论》是迄今为止被公认的最早提及“太极拳”一词的著作。武式太极拳“老三本”中的李亦畲自存本目前保存在其曾孙李旭藩手中，郝为真本现保存在郝少如的义子郝吟如（王慕吟）手中，启轩本下落不明。“老三本”中阐述太极拳理的字句运用精准独到，无一浮词，内容全面科学。现代太极拳家姚志公先生说：武式太极拳的“老三本”表明太极拳已基本完成了从实践到理论的过程，表明太极拳理论体系已初步形成，代表着太极拳理论的最高水平，是太极拳走向成熟的最鲜明标志。

目前，传承下来的武式太极拳包括太极拳套路108式、定步、活步推手、太极散手、太极十三连环剑、太极十三刀、四式追魂刀、太极十三杆、太极四杆术、太极粘黏四杆、太极“内功心法”等。其中，武式太极拳套路108式、武氏太极推手、散手，太极十三杆、太极“内功心法”等是武式太极拳的技术核心，最具有代表性。

二、武式太极拳的传承与发展

武禹襄、李亦畬皆为儒生，执迷于太极拳的探究与实践，受传统“重文轻武”思想观念的影响，不以习武授拳为业，仅在自家传授，授徒极少。李亦畬仅传门人郝为真和儿子李宝让（逊之）等几人。从后人为李亦畬所撰碑文中可知其中详细：

李公亦畬名经纶，一八三二年生，一八九二年谢世，河北永年望族，广府西街人，武氏（式）太极拳宗师，太极文化集大成者，公生而聪颖，少有奇器，尤嗜读书，弘才大智，学问深醇，通诸子善诗文，精工小楷，弱冠補博士弟子员后执教，有声庠序，德才兼备，驰誉桑梓。公才高八斗而绝仕进意专究太极，始受教于母舅武公禹襄，禹襄公神授气与，常与之切磋研讨，公身体力行，以毕生精力默识精研，苦心孤诣，神而明之，穷极幼眇，克臻化境，构形缜密，绝技独步一时，终成山门。太极拳递嬗至今，习之者风靡寰宇，公遂为世界之文化名人也。公探赜索隐，勤于笔耕，著《太极拳论》手录三本，一授弟，一传徒，一自存，世称老三本，旷世奇书，膏馥后人，近代治太极拳者皆奉为经典。当代武术家顾留馨先生称之曰：于拳理的钻研总结首推武李，较之王宗岳太极拳论有继承有发展，乃能自成一家。公曾参赞军机以巡检用，不受。及归里，敦乡谊事公益，后从外方人习种痘术，施于民。广平太守长启闻而善之，捐廉立局，延公及次弟曾纶主其事，利民于无穷也。公仁德齐家，善事庭闱，爱众亲仁，德布乡闾，拯民活婴，无以数计，乡人感恩戴德，啧啧在口。公恂恂有鸿儒风范，技术精纯，不自矜夸，入室弟子有郝和、葛福来诸人。

从第三代开始，门人郝为真才从永年开始向外传授武式太极拳。据武式太极拳第四代宗师姚继祖先生记述：郝为真在清末民初时，任直隶省广平府中学堂（即后来的河北省立第十三中学校）和永年县立小学堂(即后来的永年县立高等小学校）武术教授时，为了便于集体教学，适应一至四呼的节拍，将架式中的懒扎衣搂膝拗步等式后面添了开合，即成郝派的“开合太极拳架子”。故在开始传播的数十年中，人们都称其为“郝家拳”或“郝派太极拳”。民国初年，郝为真入京访友，传拳术于京城武术名家孙禄堂，孙禄堂在郝派开合太极拳架子的基础上，改进了步法与式法而形成现在流行的孙式活步太极拳架。从此，武式太极拳开始向外广为传播，蜚声海内外。

李亦畬之子李逊之在挚友赵俊臣的劝说下，在民国二十九年（1940年）正式收赵缊圆、刘梦笔、魏佩林、姚继祖为徒，在此之前，其四人已先后跟李逊之习拳多年。后人在其碑文中对其授徒及生平事迹等进行了详述：

李公逊之名宝让，亦畬府君之次子，1882年生，1944年辞世。公幼而锐敏，长而英奇，孝于家而睦于友，喜好读书，经史子集，诗赋词曲，无所不涉，尤精书法，酷爱太极拳术，幼承家教，禀赋非常。亦畬公之口授身指皆能闻一而知十，善器械更精拳术，巧妙精微进乎技而行以神。亦畬公最钟爱之，遗著《太极拳论》自存本由公珍藏，他稿亦多存其手。数十年研习不辍，深得亦畬公拳技之神髓，时居族中之首，倍受世人推崇。公虽文能经世，武能鞠旅，然克承庭训，不矜其名，不伐其功，晦迹潜道，不求闻达。公自幼读书，光绪癸卯府立师范毕业后派充西关初小教员后受聘于北京学部图书局。迫于家计归里任职于县法政学校永年高级小学，后任县劝学员、县财务局会计、开办新华印刷局等。七七事变后，居家明志，以习字授拳自娱。课徒时阐释理法，提纲挈领，能抉先人真谛；授人技击，置之于丈外而不觉其动，习者敬其德服其技。公培育学人不遗余力，实为武氏太极拳承前启后者也。公著有《初学太极拳练法述要》《不丢不顶浅释》诸篇，此诚薪传之密旨进道之梯航也。公入室弟子有赵蕴圆、刘梦笔、魏佩林、姚继祖等四人，子池荫字泽塘亦善此术。

武式太极拳从武禹襄开宗立派开始，至今已有一百六七十年的历史，武禹襄、李亦畬等从实践到理论、从理论到实践的孜孜以求，为武式太极拳建立了雄厚的理论与实践紧密结合的完整体系，“擎、引、松、放”“敷、盖、对、吞”把太极拳的理论与技击水平推到了一个不可企及的高度。郝为真的远播、李逊之的近传，为武式太极拳今天的发展起到了承前启后的关键作用。改革开放之后，特别是近些年来，武式太极拳又迎来了新的发展契机——武式太极拳第四代传人姚继祖被评为“全国太极十三名家”之一。武式太极拳已列入国家级非物质文化遗产名录，已设有国家武术段位制考试科目和赛事竞技项目。据不完全统计，国内的二十多个省、自治区、直辖市有武式太极拳的传播者，美国、日本等近二十个国家有武式太极拳的传播组织机构。一百多年来，武式太极拳的传人队伍在不断发展壮大，他们在各自的努力发展中，为武式太极拳的传承与普及做出了巨大的贡献。

第二章
武式太极拳经典拳论

为了让读者更清晰地了解武式太极拳的发展脉络，全面领悟武式太极拳的拳理诀要，本章从王宗岳的《太极拳论》开始，沿着武式太极拳传承脉络进行梳理，精选武式太极拳传承中具有代表性的人物及经典拳论，以期读者能按武式太极拳传承的时间顺序，全面了解其发展概况及拳论要诀，并从中得悟，指导自己的太极拳习练实践。

一、王宗岳及《太极拳论》

王宗岳（生卒年不详），生平事迹众说纷纭，版本不一，没有确切的史料佐证。唐豪、顾留馨著《太极拳研究》中，关于王宗岳的生平简述如下："王宗岳，山西人，……推测可能生于乾隆初年"，"从何人习得太极拳，以及所传何人，今已不可考"。王宗岳的《太极拳论》等相关著作，是武式太极拳创始人武禹襄当年去河南舞阳盐店访陈清平后携带而归的一本残抄拳谱，是他的哥哥舞阳县知县武澄清于咸丰二年（1852年）在舞阳县盐店发现的，作者署名是"山右王宗岳"。该拳谱是迄今为止"太极拳"三个字连在一起出现的最早的文献资料，堪称"太极拳论之源，内家拳谱经典"。武禹襄就是在《太极拳论》的指导下创立了独树一帜的武式太极拳。王宗岳的太极拳著作主要有《太极拳释名》《十三势歌》《打手歌》《太极拳论》等。

（一）《太极拳释名》

太极拳，一名"长拳"，又名"十三势"。长拳者，如长江大海，滔滔不绝也。十三势者，分掤、捋、挤、按，採、挒、肘、靠，进、退、顾、盼、定也。掤、捋、挤、按，即坎、离震、兑，四正方也。採、挒、肘、靠，即乾、坤、艮、巽，四斜角也。此八卦也。进步、退步、左顾、右盼、中定，即金、木、水、火、土也。此五行也。合而言之，曰"十三势"。

（二）《十三势歌》

十三总势莫轻视，命意源头在腰隙。变转虚实须留意，气遍身躯不稍滞。
静中触动动犹静，因敌变化示神奇。势势存心揆用意，得来不觉费功夫。
刻刻留心在腰间，腹内松静气腾然。尾闾中正神贯顶，满身轻利顶头悬。
仔细留心向推求，屈伸开合听自由。入门引路须口授，功夫无息法自修。
若言体用何为准？意气君来骨肉臣。详推用意终何在？益寿延年不老春。
歌兮歌兮百四十，字字真切意无遗。若不向此推求去，枉费工夫贻叹息。

（三）《打手歌》

掤捋挤按须认真，上下相随人难进。任他巨力来打我，牵动四两拨千斤。
引进落空合即出，粘连黏随不丢顶。

（四）《太极拳论》

太极者，无极而生，阴阳之母也。动之则分，静之则合；无过不及，随屈就伸。人刚我柔谓之走，我顺人背谓之粘。动急则急应，动缓则缓随。虽变化万端，而理惟一贯。由着熟而渐悟懂劲，由懂劲而阶及神明。然非用力之久，不能豁然贯通焉。虚领顶劲，气沉丹田，不偏不倚，忽隐忽现。左重则左虚，右重则右杳；仰之则弥高，俯之则弥深；进之则愈长，退之则愈促。一羽不能加，蝇虫不能落，人不知我，我独知人。英雄所向无敌，盖皆由此而及也。

斯技旁门甚多，虽势有区别，概不外乎壮欺弱、慢让快耳。有力打无力，手慢让手快，是皆先天自然之能，非关学力而有为也。察四两拨千斤之句，显非力胜，观耄耋能御众之形，快何能为。立如平准，活似车轮，偏沉则随，双重则滞。每见数年纯功不能运化者，率皆自为人制，双重之病未悟耳。欲避此病，须知阴阳。粘即是走，走即是粘。阳不离阴，阴不离阳。阴阳相济，方为懂劲。懂劲后，愈练愈精，默识揣摩，渐至从心所欲。本是舍己从人，多误舍近求远。所谓差之毫厘，谬之千里，学者不可不详辨焉。是为论。

二、武式太极拳创始人武禹襄及胞兄拳论

（一）武禹襄拳论

武禹襄，武式太极拳创始人，名河清，号廉泉，字禹襄，清嘉庆十七年（1812年）生于直隶广平府城。师从赵堡镇陈清平，与陈清平“研究月余，精妙始得”。后又得王宗岳《太极拳论》，经多年专心研习，对太极拳理融会贯通，“独树一帜，

自成一家”，创武式太极拳。武禹襄为世族儒生，不需以拳技授徒自给，颇为自珍，不轻以授人，加之时风士大夫阶层亦不乐于为拳师，故其拳式所传不广，只有他的外甥李亦畬得其真传。其拳论著作有《十三势说略》《十三势行功要解》《四字秘诀》《太极拳解》《太极拳论要解》《身法八要》。

1.《十三势说略》

每一动，惟手先着力，随即松开。犹须贯串一气，不外起、承、转、合。始而意动，既而劲动，转接要一线串成。气宜鼓荡，神宜内敛。勿使有缺陷处，勿使有凹凸处，勿使有断续处。其根在脚，发于腿，主宰于腰，形于手指。由脚而腿、而腰，总须完整一气，向前退后，乃能得机得势。有不得机得势处，身便散乱，必至偏倚，其病必于腰腿求之。上下、前后、左右皆然。凡此皆是意，不在外面。有上即有下，有前即有后，有左即有右。如意要向上，即寓下意。若物将掀起，而加挫之之力，斯其根自断，乃坏之速而无疑。虚实宜分清楚，一处自有一处虚实，处处总此一虚实。周身节节贯串，勿令丝毫间断。

2.《十三势行功要解》

以心行气，务沉着，乃能收敛入骨，所谓命意源头在腰隙也。

意气须换得灵，乃有圆活之趣，所谓变转虚实须留意也。

立身中正安舒，支撑八面，行气如九曲珠，无微不到，所谓气遍身躯不少痴也。

发劲须沉着，松静，专注一方，所谓静中触动动犹静也。

往复须有折叠，进退须有转换，所谓因敌变化是神奇也。

曲中求直，蓄而后发，所谓势势存心揆用意，刻刻留心在腰间也。

精神提得起，则无迟重之虞，所谓腹内松静气腾然也。

虚领顶劲，气沉丹田，不偏不倚，所谓尾闾中正神贯顶，满身轻利顶头悬也。

以气运身，务顺遂，乃能便利从心，所谓屈伸开合听自由也。

心为令，气为旗，神为主帅，身为驱使，谓意气君来骨肉臣也。

3.《四字秘诀》

敷：敷者，运气于己身，敷布彼劲之上，使不得动也。

盖：盖者，以气盖彼来处也。

对：对者，以气对彼来处，认定准头而去也。

吞：吞者，以气全吞，而入于化也。

此四字无形无声，非懂劲后，练到极精地位者，不能知全，是以气言，能直养其气而无害，始能施于四体，四体不言而喻矣。

4.《太极拳解》

身虽动，心贵静，气须敛，神宜舒。心为令，气为旗，神为主帅，身为驱使。刻刻留意，方有所得。先在心，后在身，在身则不知手之舞之，足之蹈之。所谓一气呵成，舍己从人，引进落空，四两拨千斤也。

须知一动无有不动，一静无有不静，视动犹静，视静犹动，内固精神，外示安逸。须要从人，不要由己，从人则活，由己则滞，尚气者无力，养气者纯刚。

彼不动，己不动，彼微动，己先动，以己依人，务要知己，乃能随转随接；以己黏人，必须知人，乃能不后不先。

精神能提得起，则无双重之虞，黏依能跟得灵，方见落空之妙。往复须分阴阳，进退须有转合。机由己发，力从人借，发劲须上下相随，乃一往无敌，立身须中正不偏，方能八面支撑。静如山岳，动若江河，迈步如临渊，运劲似抽丝，蓄劲如张弓，发劲如放箭，行气如九曲珠，无微不到，运劲如百炼钢，何坚不摧，形如搏兔之鹘，神似捕鼠之猫，曲中求直，蓄而后发，收即是放，连而不断。极柔软然后能极坚刚，能黏依然后能灵活。气以直养而无害，劲以曲蓄而有余，渐至物来顺应，是亦知止能得矣。

5.《太极拳论要解》

解曰：先在心，后在身，腹松，气敛入骨，神舒体静，刻刻存心。切记一动无有不动，一静无有不静，视静犹动，视动犹静，动牵往来气贴背，敛入脊骨。要静，内固精神，外示安逸。迈步如猫行，运劲如抽丝，全身意在蓄神，不在气，在气则滞，有气者无力，无气者纯刚，气如车轮，腰如车轴。

又曰：彼不动，己不动，彼微动，己先动，似松非松，将展未展，劲断意不断。

6.《身法八要》

含胸，拔背，裹裆，护肫，提顶，吊裆，松肩，沉肘。

（二）武澄清拳论

武澄清（1800—1884），字霁宇，号秋瀛，武式太极拳创始人武禹襄的长兄，咸丰二年（1852 年）壬子科进士，授河南舞阳县知县。最初习练家传武艺，后习练太极拳。《太极拳论》就是他在舞阳县为官时发现的，后送与武禹襄，在太极拳研究上，他传于后世的论述有《释原论》《打手论》。

1.《释原论》

“动之则分，静之则合”，分为阴阳之分，合为阴阳之合，太极之形如此。分合皆谓己而言。“人不知我，我独知人”，懂劲之谓也。揣摩日久自悉矣。“引进落空”“四两拨千斤”。合即拔也。此字能悟，真有夙慧者也。“左重”“右重”“仰之”“俯之”，进之，退之是谓人也。“左虚”“右杳”“弥高”“弥深”“愈长”是谓己也亦谓人也，虚、杳、高、深、长，人觉如此，我引使落空也。“退之则愈促”，乃人退我进，促迫彼无容身之地也。如悬崖勒马，非懂劲不能“走”也。此六句，上下、左右、前后之谓是矣。偏沉则随，双重则滞，是比活似车轮而言，乃己之谓也。一边沉则转，两边重则滞，不使双重，即不为制矣，是言己之病也。硬则如此，软则随，随则舍己从人，不致胶柱鼓瑟矣。

2.《打手论》

初学打手，先学搂、按、肘。此用搂，彼用肘，此用按，彼用搂，此用肘，彼用按……二人一样，手不离手，互相粘连，来往循环，周而复始，谓之“老三着”。以后，高势、低势，逐渐增多，周身上下，打着何处，何处接应，身随劲（己之劲）转。论内劲，不论外形，此打手摩练之法。练得纯熟时，能引劲（人之劲）落空合（拔也）即出，则艺业成矣。然非懂劲（此劲兼言人己），不能知人劲怎样来，己之劲当怎样引。此中巧妙，必须心悟，不能口传。心知才能身知，身知胜于心知。徒心知尚不能适用，待到身知，方能懂劲。懂劲洵不易也。

（三）武汝清拳论

武汝清（1804—1887），字酌堂，武禹襄之胞仲兄，道光二十年（1840 年）庚子科进士，曾任刑部奉天司主事、四川司员外郎，花翎二品衔。武汝清幼年时习练家传武艺，又喜欢太极拳。他在京城为官时，时常习练。《武禹襄传》有如下记载：“仲兄酌堂亦嗜拳艺，每乘公余之暇，练习数遍，名闻当时。刑部诸公极为钦佩其术，愿执弟子之礼而师事焉。酌堂未纳，爰思及同里杨露禅者，为术亦精，介绍京师，以故露禅遂获盛名焉。”武汝清的拳艺虽不及其兄弟，然对太极拳也有独到的领悟与见解，唯其不以艺传人，遗作也少为人知。其拳论传世的只有一篇，内容如下：

夫拳名太极者，阴阳、虚实也，阴阳明，然后知进退。进固是进，进中有退；退步仍是进，退中隐有进机。此中转关，在于身法，虚领顶劲，含胸拔背，则精神提得起，气沉丹田，而裹裆护肫，则周转便捷，肘宜曲，曲而能伸，则支撑得势；膝宜曲蓄，蓄而后发，则发劲有力。

至与人交手，手先着力，只听人劲，务要由人，不要由己，务要知人，不要使人知己，知人由上下、前后、左右自能引劲落空，则人背我顺。此中转关，在于松肩，主宰于腰，立根在脚，但听命于心。一动无有不动，一静无有不静，上下一气，即所谓立如秤准，活似车轮，支撑八面，所向无敌。人劲将来，未能发出，我即打去，谓之打闷劲。人劲已动，我早静待，着身便即打去，所谓打来劲。人劲已落空，将欲换劲，我随打去，此谓打回劲。由此体验，留心揣摩，自能从心所欲，阶及神明焉。

三、武式太极拳第二代传人李亦畬及胞弟拳论

（一）李亦畬拳论

李亦畬（1832—1892），武式太极拳第二代宗师，名经纶，字亦畬，是武式太极拳创始人武禹襄的外甥，广平府永年县望族书香门第出身，同治元年（1862 年）壬戌举人。李亦畬是兄弟四人中的老大，人称“李大先生”。咸丰三年（1853 年），李亦畬 20 余岁，开始与其弟承纶（启轩）跟舅父武禹襄习练太极拳术，“心领神会者二十年，得其精妙”，“李亦畬身材瘦短，双目高度近视，然数十年纯功，拳艺精微巧妙，以虚灵为体、因循为用，打手发人备极分寸，全以意气之变化使当（挡）者腾空而出，心悦诚服”。李亦畬嗜拳如命，太极拳技堪称达到“炉火纯青”的境界。传人郝为真常告诉他的弟子说：“亦畬先生短小而弱，吾终不能敌，知此术之妙，不在禀质强弱也。”但李亦畬不轻易收徒，传人仅有郝为真，儿子李石泉、李逊之，邢台清河县葛福来等。

李亦畬还把一生太极拳技的经验积累、王宗岳的《太极拳论》、武禹襄的《太极拳解》等合成《太极拳谱》，手抄三本，世称“老三本”。此《太极拳谱》被后世习练太极拳者奉为“传世经典”。其经典拳论如下。

1. 五字诀

一曰心静：心不静则不专，一举手前后左右全无定向，故要心静。起初举动未能由己，要悉心体认，随人所动，随屈就伸，不丢不顶，勿自伸缩。彼有力，我亦有力，我力在先；彼无力，我亦无力，我意仍在先，要刻刻留心，挨何处，心要用在何处，须向不丢不顶中讨消息。从此做去，一年半载，便能施于身，此全是用意，不是用劲，久之则人为我制，我不为人制矣。

二曰身灵：身滞则进退不能自如，故要身灵。举手不可有呆像，彼之力方碍（挨）我皮毛，我之意已入彼骨里，两手支撑，一气贯串。左重则左虚，而右已去，右重则右虚，而左已去。气如车轮，周身俱要相随，有不相随处，身便散乱，便不得力，其病于腰腿求之。先以心使身，从人不从己，后身能从心，由己仍是从人，由己则滞，从人则活，能从人，手上便有分寸。秤彼劲之大小，分厘不错；权彼来之长短，毫发无差，前进后退，处处恰合，工弥久而技弥精矣。

三曰气敛：气势散漫，便无含蓄，身易散乱，务使气敛入脊骨，呼吸通灵，周身罔间。吸为合为蓄，呼为开为发，盖吸者自然提得起，亦拿得人起；呼则自然沉得下，亦放得人出，此是以意运气，非以力使气也。

四曰劲整：一身之劲，练成一家，分清虚实，发劲要有根源，劲起于脚跟，主

于腰间，形于手指，发于脊背。又要提起全副精神，于彼劲将出未发之际，我劲已接入彼劲，恰好不后不先，如皮燃火，如泉涌出，前进后退无丝毫散乱，曲中求直，蓄而后发，方能随手奏效，此谓借力打人，四两拨千斤也。

五曰神聚：上四者具备，总归神聚，神聚则一气鼓铸，练气归神，气势腾挪，精神贯注，开合有致，虚实清楚：左虚则右实，右虚则左实。虚，非全然无力，气势要有腾挪；实，非全然占煞，精神要贵贯注，紧要全在胸中腰间运化，不在外面。力从人借，气由脊发，胡能气由脊发？气向下沉，由两肩收于脊骨，注于腰间，此气之由上而下也，谓之合；由腰形（行）于脊骨，布于两膊，施于手指，此气之由下而上也，谓之开。合便是收，开即是放，能懂得开合，便知阴阳，到此地位，功用一日，技精一日，渐至从心所欲，罔不如意矣。

2.《撒放密诀》

擎引松放：擎起彼劲借彼力（中有灵字），引到身前劲始蓄（中有敛字），松开我劲勿使屈（中有静字），放时腰脚认端的（中有整字）。

擎、引、松、放四字，有四不能：脚手不随者不能，身法散乱者不能，一身不成一家者不能，精神不团聚者不能。欲臻此境，须避此病，不然，虽终身由之，究莫明其精妙矣！

3.《走架打手行工要言》

昔人云：能引进落空，能四两拨千斤。不能引进落空，不能四两拨千斤。语甚概括，初学未由领悟，予加数语以解之，俾有志斯技者，得所从入，庶日进有功矣。

欲要引进落空，四两拨千斤，先要知己知彼。欲要知己知彼，先要舍己从人。欲要舍己从人，先要得机得势。欲要得机得势，先要周身一家。欲要周身一家，先要周身无有缺陷。欲要周身无有缺陷，先要神气鼓荡。欲要神气鼓荡，先要提起精神，神不外散。欲要神不外散，先要神气收敛入骨。欲要神气收敛入骨，先要两股前节有力，两肩松开，气向下沉，劲起于脚根，变换在腿，含蓄在胸，运动在两肩，主宰在腰，上于两膊相系，下于两腿相随。劲由内换，收便是合，放即是开。静则俱静，静是合，合中寓开。动则俱动，动是开，开中寓合。触之则旋转自如，无不得力，才能引进落空，四两拨千斤。

平日走架，是知己功夫。一动势，先问自己：周身合上数项不合？少有不合，即速改换。走架所以要慢，不要快。打手是知人功夫。动静固是知人，仍是问己。自己要安排得好，人一挨我，我不动彼丝毫，趁势而入，接定彼劲，彼自跌出。如自己有不得力处，便是双重未化，要于阴阳开合中求之。所谓知己知彼，百战百胜也。

胞弟启轩，尝以球譬之：如置球于平坦，人莫可攀跻。强临其上，向前用力，后跌；向后用力，前跌，譬喻甚明。细揣其理，非“舍己从人”，一身一家之证明乎！得此一譬，引进落空、四两拨千斤之理，可尽人而明矣。

4.《虚实开合图说》

实非全然占煞，实中有虚，虚非全不用力，虚中有实。举人一身而言，虽是虚实之大概，究之一身，无一处无虚实，又离不开此虚实。总要连络不断，以意使气，以气运身。非身子乱挪，手足乱换也。虚实即是开合，走架打手，着着留心，刻刻留意，越练越精，技弥神矣。

5.《十三势架》

懒扎衣，单鞭，提手上势，白鹅亮翅，搂膝拗步，手挥琵琶式，搂膝拗步，手挥琵琶式，上步搬拦捶，六封四闭，抱虎推山，单鞭，肘底看捶，倒撵猴，白鹅亮翅，搂膝拗步，三通背，单鞭，云手，下势，更鸡独立，倒撵猴，白鹅亮翅，搂膝拗步，三通背，单鞭，云手，高探马，左右起脚，转身踢一脚，践步打捶，翻身二起，披身，踢一脚，蹬一脚，上步搬拦捶，六封四闭，抱虎推山，斜单鞭，野马分鬃，单鞭，玉女穿梭，单鞭，云手，高探马，十字摆莲，上步指裆捶，单鞭，上步七星，退步跨虎，转脚摆莲，弯弓射虎。

6.《刀法》

里剪腕，外剪腕，挫腕，撩腕。

7.《枪法》

平刺心窝，斜刺膀尖，下刺脚面，上刺锁项。

8.《打手撒放》

掤（上平），业（入声），噫（上声），咳（入声），呼（上声），吭，呵，哈。

9.《打手歌》

掤捋挤按须认真，采挒肘靠就屈伸。

进退顾盼与中定，粘连黏随虚实分。

手脚相随腰腿整，引进落空妙入神。

任他巨力向前打，牵动四两拨千斤。

（二）李承纶拳论

李承纶（1835—1899），字启轩，李亦畬之长弟，光绪元年（1875年）恩科举人，青年时期与其兄李亦畬共同跟随母舅武禹襄习练太极拳，其拳论流传下来的为数不多，摘录如下。

1.《敷字诀解》

敷，所谓一言以蔽之也。有人不习此技，而获闻此诀者，无心而白于余。始而不解，及详味之，乃知。敷者，包括周匝，人不知我，我独知人，气虽尚在自己骨里，而意恰在彼皮里膜外之间，所谓气未到而意已吞也。妙绝，妙绝！

2.《太极拳走架白话歌》

提顶吊裆心中悬，松肩沉肘气丹田；裹裆护肫须下势，含胸拔背落自然；初势左右懒扎衣，双手推出拉单鞭；提手上势望空看，白鹅亮翅飞上天；搂膝拗步往前打，手挥琵琶躲旁边；

搂膝拗步重下势，手挥琵琶又一番；上步先打迎面掌，搬拦捶儿打胸前；如封似闭往前按，抽身抱虎去推山；回身拉成单鞭势，肘底看捶打腰间；倒撵猴儿重四下，白鹅亮翅到云端；

搂膝拗步须下势，收身琵琶在胸前；按式翻身三通背，扭项回首拉单鞭；云手三下高探马，左右起脚谁敢拦；转身一脚栽捶打，翻身二起踢破天；披身退步伏虎式，踢脚转身紧相连；

蹬脚上步搬拦捶，如封似闭手向前；抱虎推山重下势，回头再拉斜单鞭；野马分鬃往前进，懒扎衣服果然鲜；回身又把单鞭拉，玉女穿梭四角全；更拉单鞭真巧妙，云手下势探清泉；

更鸡独立分左右，倒撵猴儿又一番；白鹅亮翅把身长，搂膝前手在下边；挥手按式龙出水，通背三下拉单鞭；云手高探对心掌，十字摆莲往后翻；指裆捶儿往下打，懒扎衣服紧相连；

再拉单鞭重下势，上步就是七星拳；收身退步拉跨虎，转身去打双摆莲；海底捞月须下势，弯弓射虎项朝前；怀抱双锤谁敢进，走遍天下无人拦；歌兮歌兮六十句，不遇知己莫轻传。

四、武式太极拳第三代传人李逊之拳论

李逊之（1882—1944）：武式太极拳第三代宗师，名宝让，字逊之，李亦畬次子，嗜文喜武，深得李亦畬的拳技精髓。他和其父的弟子郝为真在1915年任县立高等小学校庶务员时，同住一室，常在一起推手切磋，谈拳论道，其后，他所开设的新华印刷局又成为武式太极拳切磋交流的重要场所。李逊之一生秉承家传，谨遵祖训，授拳而不轻易收徒，在挚友赵俊臣恳请下，仅收其子赵蕴圆及刘梦笔、魏佩林、姚继祖四人为徒。他对武式太极拳的传播起到了承前启后的作用。其拳论主要有《初学太极拳练法述要》《武氏打手法》《不丢不顶浅识》等。

（一）《初学太极拳练法述要》

始涉走架行工之术，首当以诸款身法律之，身法诀度，势势旨要，均有钜矱。可预择母势往复体认，缓慢以悟精准，进而逐势度规依法，精心揣摩之。勿顾此失彼，忌遣用拙力。务必两足成不丁不八之式，步幅以自然伸落为度，出手以高不过眼远不出足为限。目的神领，目达手至，目随手运。意驱足移，劲起于脚，上运至手，虚实听命于腰。腰为枢纽，腰脊连联，上系肩臂，下接胯腿。腰活如车轴，脊竖如秤准。腰不活，身僵劲滞，脊不竖，技无成日。

次谋势架顺遂轻灵，脚手相随，周身一家焉。夫何以周身一家？始基乃外、内三合耳。外三合者，手足、肘膝、肩胯是也。内三合者，神意、意气、气力三合之谓也。外、内三合相辅相成，不可偏废。累积至此，能入神气鼓荡、阴阳相济、内外浑一之境，则周身一家得矣。

倘至臻于斯，复求不丢不顶，引进落空，四两拨千斤打手之法，则易如反掌焉。

（二）《武氏打手法》

两人对立，作双搭手（即左手咬腕，右手扶肘；或右手咬腕，左手扶肘），搭手之足（左手搭手则左足，右手搭手即右足）在前，一进一退（进者先进前足，退者先退后足），至末步（即第三步），退者收前足成虚步，进者跟后足成跟步。换手时，搭腕之手不动，扶肘之手由上而换。如此进退搭换，循环不已。练发劲时，一般皆在应退步而不退时作准备。练熟后，前进、后退，都可化发。进用按挤，退用掤捋。

（三）《不丢不顶浅识》

彼有力我亦有力，何能不支撑，言不顶人之劲头，以挫力去之也。彼无力我亦无力，何云不丢，言以跟劲去之也。

五、武式太极拳第四代嫡系传人李池荫拳论

李池荫（1931—1987），字泽塘，永年广府西大街人，李亦畬之孙，李逊之之子，武式太极拳第四代宗师。幼承家教，不满七岁就随父亲李逊之习练太极拳及刀剑，稍长学太极打手。经多年研习，行拳走架与打手劲法颇具其父、祖神韵。李池荫一生恪守家训，淡泊名利，不喜炫耀，大隐于市，是“《太极拳论》——亦畬珍藏”本的传承者，著有《粘随化发》《抽丝缠丝释》等拳论，承其传者有儿子李旭藩、李昶藩、李永藩（永章），外甥杨书法、杨书太等。其代表性拳论如下。

（一）《粘随化发》

练习打手，可循粘随化发之法。粘：与人搭手，便要接定来劲。接即粘定黏连，不离不弃。能粘方能查对方来力之方向大小，以便灵活变转。不沾则不能知人，不知人便无所适从，知人方可随心所欲。随：随人所动，不丢不顶也。周身松静，舍己从人，不自妄动，不用拙力，跟依随连，急缓随应，不使对方知我，我独知人。知人从人，方可随机变换。丢顶不随，则为人制。化：人力来，我知人知己，则依其力之动向，松沉转变，阴阳相济，走化其力。左旋右转、虚实转换，使之随我而动，劲力落空，不能自主，不能得力。能走化则能人背我顺，发放自如。不能走化便不能得机得势，四两拨千斤。发：即放，去人也。我气贯周身，以意接彼，得机得势，乘其劲欲发未发之际，乘势借力，后发先至。此中务须周身一家，脚手相随，立定脚跟，擎起彼力，整劲发放。太极拳讲究制人而不伤人。故发人需权衡彼力以把握己劲，适可而止，以德服人。粘随化发，解析如此，实则一气贯穿、一气呵成。练习揣摩日久，则能技长艺进矣。

（二）《抽丝缠丝释》

抽丝是谓以意领劲，其劲沉稳谨匀，连绵不断，神气一线贯穿，比似茧中抽丝。缠丝是谓内气潜转，虚实变换，劲力如旋，喻为柔丝绕缠。抽丝、缠丝均为意念劲力之比喻。

（三）《武式太极拳“一扇门”理论》

武式太极拳的“核心”劲法，就好比一扇门的开与关，这扇门由门扇、门轴组成，对应人体来说，武式太极拳的“门”，由两肩、两髋到两脚组成。行拳走架与推手时，轴心脚一边的从肩到脚为门轴，虚的一边就成为门扇。盘架子时身法需要中规中矩，这扇“门”才能立起来，立起来了旋转才灵活，开和关才应用自如。与人接劲一开一合都是走弧线。知开门、关门才知武式太极劲法之精髓。

（四）《五行步法解》

腰往前脚上合，为进；腰往后脚上合，为退；腰右转与后脚合，为盼；腰左转与前脚上合为顾；身体向下沉，身备五弓为中定。

六、武式太极拳第四代传人姚继祖拳论

姚继祖（1917—1998），武式太极拳第四代宗师，字绍先，河北永年广府镇人，李逊之的入室弟子，“全国太极拳十三名家”之一。姚继祖出生及学艺在民国时期，

传拳授艺在新中国成立后，他不但拳技精湛，武德高尚，而且太极理论造诣颇深，著有《太极锁钥》《武式太极拳全书》，并有多篇心得体会与练功歌诀传与后人。其具有代表性的太极拳理归纳如下。

（一）《太极拳歌诀》

（1）武当太极称内家，卫身保健世所夸；腰脊为主带四体，脚趾五行运八卦；神领意导气流行，上下内外汇洪蒙；手脚肘膝肩胯合，粘黏连随永为宗。

（2）尾闾中正歌诀：顺步出掌肘合膝，拗步出掌手合足，磨腰抽胯肩胯合，尾闾自然不偏倚。

（3）太极拳行功歌：脚占七分手三分，上下相随切记真；八卦变化源五行，主宰腰隙时留心；神意导气注丹田，抽贯周身劲隐现；尾闾正中通上下，满身轻利顶头悬。

（4）"脚手随"歌：手起脚不起，上步防采捋。脚起手不起，前进怕掤挤。进退脚手随，遇险可化夷。发劲整且疾，推手日精奇。

（5）"擎引松放"歌：擎引松放紧相连，擎放衔接成一环。练到环形无迹处，四字俱在一触间。（第二句或云：粘连走发成一环）

（6）"推手打劲"歌：彼劲欲回跟踪逼，僵停宜串寻根来，力来我接并中截，搓其劲头宜沉急。周身一家脚手随，挨定彼身捂彼力。

（二）拳论

1. 练功三阶段

先生云，练太极拳有三个阶段：初期如不会游泳的人站在水中，两足踏地，身体与手足动作，如有水之阻力，感觉滞重不灵，摇曳不定；中期，身体仍如在水中，但两足浮不着地，如善泅者浮游其间，身躯四肢皆自如也；后期，身体愈轻灵，两足如站水面上，到此地步，心中感觉，战战兢兢，如临深渊，如履薄冰，不敢有一丝放肆之意，神气稍散乱，即恐身体降落下去。拳经云"神气四肢，总要完整，一有不整，身心散乱，心主偏倚，而不能有灵活之妙矣"，即此之意也。

2. 论不丢不顶

论一：能不丢不顶，则粘黏连随自得，但不丢不顶不是容易做到的。比如，人退我进，彼此两手（或身体其他部分），虽然是相接未离，但接触的密度无故稍松，或自己手上的力量无故稍减，亦即犯了"丢"的错误。"不顶"，并非一般人所说的连一点支撑力也没有，纯柔相随；而是以我之力（支撑力）接定彼之来力，以变换虚实，随屈就伸，达到错开劲头，两手支撑，无有缺陷。至去人时须要用力，亦是肯定的，但能做到躲开彼之劲头而去，即为不顶。故武禹襄老先生云："一搭手，有进无退"。逊之先生云："力之用，飘为贵"。前者系说明搭手用力，后者系说明发人用力，均合不丢不顶的要求。郝为真老先生，生前曾在桌子上以指带动火柴盒，使之旋转，以此解释“不丢不顶”，实是绝好例证。而与现在一般不明太极拳理的人们，推手时所用的按字测意的所谓不丢不顶，实有不渊之别，学者不可不详味焉。

论二：太极拳推手时要求“不丢不顶”。有些人不知“不丢不顶”究竟怎样练习，只从字面上来研究，而不在推手应用上去探讨，因之在推手时多系轻接对方手和臂，不管自己周身相随否，不管彼此劲究竟相接否，一味在两臂上追求彼进我退，彼退我追的从人不由己的所谓“不丢不顶”，因而使“不丢不顶”“粘连黏随”失去了应有的作用。“粘连黏随”“不丢不顶”必须在“周身一家”“上下相随”“接定彼劲”三个条件下去进行，才能起到作用，才能使对方在自己的手或臂的带动下，站立不稳，轻则跳跃不停。例如，将一火柴盒，放在桌上，伸一指捺其上，意欲让火柴盒随指的带动，在桌上移动位置。如果用的力大了，则火柴盒被捺得太紧，不能被手指带动；如果用的力量太小了，则手指和火柴盒接触得太松亦不能带动火柴盒移动位置，因此，用的力量必须不大不小，捺得不轻不重，才能使火柴盒在自己手指的带动下，灵活地在桌上来往或盘旋转动。这正和推手时用力应不大不小，“不丢不顶”，恰好带动对方一样。

3. 论“开合收放”

开合，收放，原为一体，不宜分谈，更不能分练。开即放，合即收，收为吸，放为呼。收则周身筋缩，骨节紧合，肌肉松静，所谓一静无有不静，静是合，合中寓开。呼则周身筋伸，骨节开展，肌肉紧缩坚实，所谓一动无有不动，动是开，开中寓合。开合指周身筋骨肌肉而言，收放指呼吸行气而言，二者互为里表，不容稍离，否则不能灵活，坚整。诚能开合收放，内外合一，不但在增强体力上效果显著，在推手上亦可逐步缩小其动作，由有形归无形，渐至一吸即走，一呼即发，所谓意动身不动的境地。

4. 论呼吸

太极分阴阳，在气为呼吸。呼乃开与发，吸为合与收。初学求自然，习久须讲究，能教一气先，莫教一气后。

5. 对王宗岳《太极拳论》中“高深长促”等字用法的体会

以前笔者对王宗岳拳论中的“仰之则弥高，俯之则弥深，进之则愈长，退之则愈促”数语的体会是，人想仰高我随之使更高，人俯身下沉，我随之更深，人向我进逼，我使人感觉我还有后退余地，人后退时，我要紧促地跟上去使其无立足之地。这些体会，基本上和一般人的所见是相同的，依而练习，亦不见什么功效。后来与一位较自己身高高的人推手，运用“仰之则弥高”法则时，自己虽尽力高上去，亦高不过人家。为了解决这个问题，笔者经过几次思考，得出一个结论：即对方欲想仰之向上时，我在仰上速度上，力量上，要超过对方。即所谓后发先至，彼即为我所动。这样既合了“仰之则弥高”的法则，并合了“彼不动，自不动，彼微动，已先动”的论述。其余深、长、促等句，亦均感如此去做，甚为合适，故特记之。

6. 对“阴阳相济、粘走互济”的探索

王宗岳《太极拳论》中云：“粘即是走，走即是粘；阴不离阳，阳不离阴”。笔者多年来只能做到粘然后走，或走然后粘，而不能使粘走互济，如李亦畬《五字诀》中所述“左重则左虚，而右已去，右重则右虚，而左已去”那样。笔者在练习中，在虚实互易时结合了发力，得出一种“一面走化人力，一面发人的周身一家力量”。思之与“粘即是走，走即是粘，阴不离阳，阳不离阴”甚合，故志之，以备继续探索。

7. 对“似松非松，将展未展”之我见

有人云:“似松非松,将展未展”,乃自己练功时周身筋骨似松非松,四肢骨节(或劲)将展未展。或云：“似松非松”乃推手时我已占绝对优势，而停止对对方进迫，似是松了，但神意仍专注着，等待对方发力反攻。“将展未展”是待对方反攻力量将发未发出来时，迎头击之。记得陈秀峰曾在“似松非松，将展未展，劲断意不断”后面，又加上“藕断丝连”四个字，这倒颇恰当。笔者根据这句话出现在“彼不动，己不动，彼微动，己先动”打手要言后面，感觉“似松非松，将展未展”这句话说的是打手时彼我之间的事。自己在推手时亦有这样的体会：“似松非松”指彼此欲发前一种不即不离的状态，在此状态下互相感受对方的劲力，有此感受后，自己就当把劲松开，严阵以待，聚精会神地静听彼劲怎样来，彼力一动，尚未展开的时候，即所谓将展未展，我即抚定彼之劲头，对准彼之劲根，搓揉之，彼必跌出。此亦正合所谓“不先不后，不丢不顶”了。丢了（亦即接得松了），则摸不出彼劲；顶了，彼有感则变；先了，彼能走化；后了，彼力已能施展，主动在彼，我进无益。

8. 论劲

太极拳之劲，重内而不重外，重根而不重梢，圆整混一，灵活不滞，坚、韧、刚、柔，四者具备，斯为正宗。劲之运用，神意领先，气力随至，粘走应变，有赖肢躯。如，起于脚，变于腿，含于胸，运于肩，输于臂，形于指，发于脊，主于腰。由脚而腿而腰，要完整一气。由手而臂而肩，要一气贯串。腰通脊柱，上与两肩两膊相系，下与两胯两腿相随，上下贯通，手脚相济。劲之转变：腰脊如车轴，肢体如辋辐，行气如车轮。动则俱动，轴动则辋辐自动，静者俱静，轴静则车轮自止。劲的收放，由内抽贯，意领神导，渐隐渐现。这种以意导气，起落，展拓，变化自如的劲，管它叫“粘劲”。劲有数种：创劲太直，难于起落；攻劲太死，难于变化；绷劲、抖劲太促，难于展拓，且都失之刚多柔少，形迹外露，容易致伤。唯有粘劲，劣少优备，手到劲发，又灵又疾，俯仰旋转，变换如意，蓄发无形，动静随机。用于推手，壮弱咸宜，从容走化，沉着粘依，气敛神聚，意静身逸，经常习此，可以蓄神，可以养气，可以活血，可以健肌，可以通经舒络，可以强筋长力，袪病延年，无一害而多益，是以粘劲，太极最尚。

9. 太极拳走架行功说略

昔人云："周身一家如练到，拳术即上康庄道"。诚见周身一家在太极拳技击上是一种极为重要的基本功夫。平时走架的目的说是为了练习手、眼、身法、步，实际就是练习周身一家。周身一家的练法要求周身上下内外一动无有不动，一静无有不静的统一运动，故其在强身保健与医疗上具有十分重要的作用。初学不明途径，不得要领，有的上下不能相随，有的内外不能相合，做不到周身协调地统一运动，因此阻碍了太极拳在医疗保健上良好效果的发挥。为了克服上述缺点，提高太极拳在强身保健与医疗上的效果，使太极拳更好地为人民体育事业服务，现根据笔者见闻体会所及略述于下。走架行功必须在"周身一家"上用功夫，一举一动都要注意周身的统一运动。欲想周身一家，须知内外三合，内练神气，外练肢体，内外兼修方为合法。

外三合者，手与足合，肘与膝合，肩与胯合。其运用乃以腰为主。上与两肩两膊相系，下与两胯两腿相随，上、中、下三节相适应。为此练去，则周身自然上下相随，中正不偏，久练可以矫正体态，使走架姿式顺随美观，使身体重心稳固，动作灵活，为进一步练习推手打下得机得势无有缺陷的基础，所以在行功时必须注意外三合。

内三合者，神与意合，意与气合，气与力合。其运用乃以神导意，以意导气，气至力生。神似帅，意似将，气似兵，神意为气之领导，气是力之生母。无神意领导，则气无所从，气无所从，必致散漫，则力无生母，力无生母，则力不坚整，身易散乱。走架时，神、意、气三者如不相合，如此练去，对充沛精神，增长体力，医疗内脏与神经系统疾病，均有莫大妨碍，所以在行功时要神、意、气三者密切相合。

内外三合，实为里表，一主一副，不能偏废，古谱行功歌云"意气君来骨肉臣"正说明这点。诚恐学者重外而轻内，只学外表形式，不顾神、意、气的运行，减少了身体内部横膈膜与脏腑直接和间接的运动；或过于轻外而重内，对身体要求不严格，因之产生耸肩、驼背、锅腰、出臀以及头歪、项斜、脊柱偏倚等不良姿势。如不及时纠正，不但减少了医疗保健的实效，而且妨碍了身体各部的正常发展，影响了走架姿式的顺随与美观。两种偏向均应切忌。

但锻炼神气，必依法则，运动肢体，亦有定方。当知神非镇静不能清，气非团聚不能刚，顶悬脊竖则体正，手脚相随则式圆，提顶吊裆而松肩沉肘则沉着松静，含胸拔背而裹裆护肫，则周旋健捷；身躯进退，不偏不倚，四肢屈伸，忌僵忌直，以神导意，宜静宜缓，依意导气，渐隐渐现。手一出，神先领导，足一动，意即注之，目为神舍，目到则神至，气随意行，意注则气凝。眼不离手，伸手则神气毕集，意不忘足，着足则力量俱来。如此练去，时刻注意外部的手、足、肘、膝、肩、胯的上下相随，与内部的神、意、气上下运行，内外相合，形成周身上下、内外，一动无有不动，一静无有不静的统一运动，即周身一家、六合混一的基本练法。谨守此法，坚持练习，渐成习惯，一动则上下相随，内外相合，周身一气贯串，则所谓周身一家功夫成矣。

周身一家的运动，要求每一举动，具有周身肌肉、筋络、骨节以及内部横膈膜、脏腑内外一动俱动的特点，此乃太极拳所以能祛病延年，应用于医疗保健的根本原因。正如古人所说“流水不腐，户枢不蠹”的道理。这是练习太极拳欲想强身健体防治疾病慎勿忽视的一种特效方法，而且是练习太极拳推手时欲想得机得势，无有缺陷，重心稳固的基本功夫。愿同好者，慎勿忽视焉。

第三章
武式太极拳 108 式动作习练

一、武式太极拳 108 式动作图解说明

（一）武式太极拳 108 式动作名称

本书所示武式太极拳 108 式，传承于武式太极拳第四代传人李池荫、姚继祖两位先师，图解中的拳照为武式太极拳第五代传人杨书太先生演示。108 式动作名称如下（表 1）。

表 1 武式太极拳 108 式动作名称

1. 起势	28. 按式	55. 斜单鞭	82. 左搂膝拗步
2. 左懒扎衣	29. 三通背一	56. 野马分鬃一	83. 手挥琵琶
3. 右懒扎衣	30. 三通背二	57. 野马分鬃二	84. 青龙出水
4. 单鞭	31. 退步懒扎衣（左）	58. 野马分鬃三	85. 按式
5. 提手上势	32. 上步懒扎衣（右）	59. 手挥琵琶	86. 三通背一
6. 白鹅亮翅	33. 单鞭	60. 懒扎衣	87. 三通背二
7. 左搂膝拗步	34. 云手一	61. 单鞭	88. 退步懒扎衣（左）
8. 手挥琵琶	35. 云手二	62. 玉女穿梭一	89. 上步懒扎衣（右）
9. 左搂膝拗步	36. 云手三	63. 玉女穿梭二	90. 单鞭
10. 右搂膝拗步	37. 单鞭	64. 玉女穿梭三	91. 云手一
11. 上步搬拦捶	38. 左高探马	65. 玉女穿梭四	92. 云手二
12. 如封似闭	39. 右高探马	66. 手挥琵琶	93. 云手三
13. 抱虎推山	40. 右起脚	67. 懒扎衣	94. 单鞭
14. 手挥琵琶	41. 左起脚	68. 单鞭	95. 高探马
15. 右懒扎衣	42. 转身蹬一脚	69. 云手一	96. 对心掌
16. 单鞭	43. 践步栽捶	70. 云手二	97. 转身十字脚
17. 高探马	44. 翻身二起脚	71. 云手三	98. 上步指裆捶
18. 肘底捶	45. 退步收身披身	72. 单鞭	99. 上步懒扎衣
19. 倒撵猴一	46. 巧捉龙	73. 下势	100. 单鞭
20. 倒撵猴二	47. 踢一脚	74. 更鸡独立一	101. 下势
21. 倒撵猴三	48. 转身蹬一脚	75. 更鸡独立二	102. 上步七星
22. 倒撵猴四	49. 右搂膝拗步	76. 倒撵猴一	103. 退步跨虎
23. 手挥琵琶	50. 上步搬拦捶	77. 倒撵猴二	104. 转身摆莲
24. 白鹅亮翅	51. 如封似闭	78. 倒撵猴三	105. 弯弓射虎
25. 左搂膝拗步	52. 抱虎推山	79. 倒撵猴四	106. 双抱捶
26. 手挥琵琶	53. 手挥琵琶	80. 手挥琵琶	107. 手挥琵琶
27. 青龙出水	54. 斜懒扎衣	81. 白鹅亮翅	108. 收势

（二）图示基本定位

为便于读者正确理解和学习武式太极拳 108 式动作，书中插图均有详细的动作说明与要点，起势从面向正南方开始，亦即图示面向读者的方向，套路演示行进中，身体姿势的整体移动和目视方向有四正方和四斜方，即东、南、西、北、东南、西南、东北、西北。

（三）习练基本要求

习练 108 式的过程中，上下肢要做到以下几个方面的要求：两脚之间的距离约与两肩同宽或稍宽于肩，即习练者的正常一步左右，两膝关节要保持一定的弯曲，不可绷直。在改变身体姿势方向时，均以脚跟为轴，实腿转换：向内转动（合）时，前脚掌微微抬起向脚内侧扣，向外转动（开）时，前脚掌微微抬起向脚外侧摆；两臂松肩沉肘，上臂和前臂之间的夹角约为 120°~130°，两臂以身体中轴为界各管半边身体，出手高不过自身眼眉，远不过自身前脚，始终不可伸直。

（四）走架整体安排

传统武式太极拳 108 式习练，讲究“由松入柔，运柔成刚，刚柔相济”，起承转合，暗含开合隐现，用内气的潜移转换支配肢体的外形开合，开则俱开，合则俱合，要自始至终做到动作的开合、展收与呼吸合理搭配：“开”与“展”是“呼”、是“放”，“合”与“收”是“吸”、是“蓄”，身法、步法、手法三者要有机配合，“外示安逸，内固精神”，内外一致，周身一家，用内形的变化来支配外形的运动，只有“内运”与“外动”和谐统一，才能达到健身、养身，提高太极功力的良好效果。

二、武式太极拳 108 式动作图解

⊙ 第一式：起势

动作 1：面向正南方，自然站立，两眼平视，全身放松，神情自然安舒（图 3–1）。

动作 2：左脚向左侧横向迈出，与肩同宽或略宽于肩，重心放在两脚中间，做 2~3 次深呼吸，调整身心（图 3–2）。

动作 3：两臂从体侧缓缓向前平举，虎口相对，与肩平（图 3–3）。

动作 4：两肘匀缓下沉，带动两手下按至两胯前，指尖向前，掌心向下，两腿微屈，气沉丹田（图 3–4）。

要 点：起势要充分呼出肺内浊气，排除杂念，全神贯注，两手下按时含胸拔背，提顶吊裆。

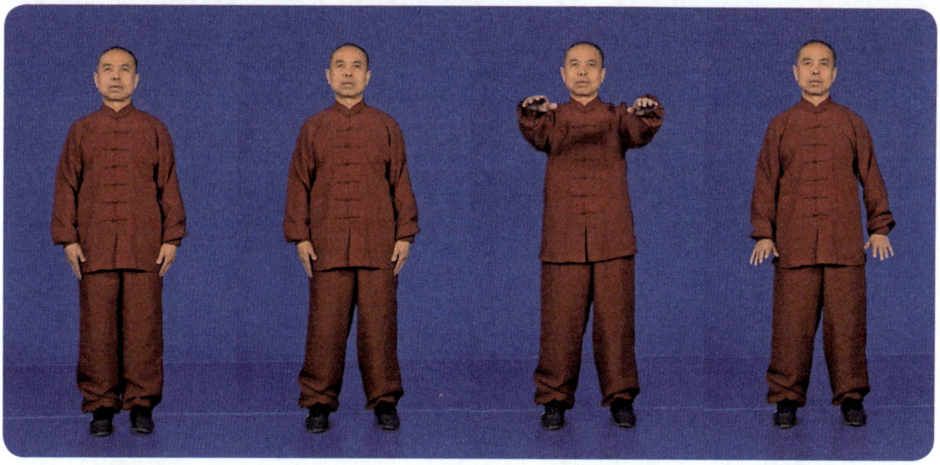

图 3–1　图 3–2　图 3–3　图 3–4

⊙ 第二式：左懒扎衣

动作 1：接上式，右脚支撑，左脚提起向前迈出约一脚距离，两眼平视，同时两手向上掤起，左手手指与眼平，护面部，右手护膻中穴，两手掌心保持斜相对（图 3–5）。

动作 2：上肢保持“掤势”，腰微向左转，左脚向东南方迈出约一步，脚尖上翘，足跟着地，眼视东南方（图 3–6）。

动作 3：右脚发力蹬地，左脚在右脚蹬地的同时，脚掌落平，身体重心前移，左腿成前弓步，两手在重心前移的同时，竖掌并保持“掤势”向前推出（图 3-7）。

动作 4：右脚向前跟步，至左脚跟右后方处，脚尖点地，右臂前推至前脚尖垂直上方时内合，左臂随体转回收至膻中护胸，两腿为左实右虚，目视前方（图 3-8）。

要　点：两腿在转换时，虚实要分清，两臂“掤势”不可懈怠，身法上要保持中正，跟步时上下要协调相随。

图 3-5　图 3-6　图 3-7　图 3-8

⊙ 第三式：右懒扎衣

动作 1：接上式，右脚落地，左脚以脚跟为轴转动内扣，身体随之右转，右手立掌与眼平，左手立掌护膻中（图 3-9）。

动作 2：右脚转开并向西南方向迈出，脚跟着地，脚尖上翘，右手立掌，指尖与眼眉齐高，左手立掌在胸前（膻中），与右肘齐平，目视前方（图 3-10）。

动作 3：左脚蹬地，右脚随之向前踩平，身体重心前移成右腿前弓步，同时两臂向前上方掤挤（图 3-11）。

动作 4：左脚向前跟步至右脚跟的左后方，脚尖点地，同时左臂随跟步时的腰转自然内合前伸，立掌与眼平，右臂随身体转回收至膻中护胸，两腿为右实左虚，目视前方（图 3-12）。

要　点：与左懒扎衣同。

图 3-9　　图 3-10　　图 3-11　　图 3-12

⊙ 第四式：单鞭

动作 1：接上式，左脚落地，腰向左转，同时右脚以脚跟为轴内扣，两臂成体前平屈，指尖相对，掌心向下，面向正南方（图 3-13）。

动作 2：左脚向左横跨一步，与肩同宽或稍宽于肩，左脚跟着地，脚尖微上翘（图 3-14）。

动作 3：以左脚脚跟为轴，向左转动身体，向外摆动左脚，脚尖指向正东方，右脚蹬地，成左弓步，在腰向左转动的同时，两手缓缓分开，左手成竖掌与眼齐平，右手外翻掌心向外，有外撑之势，指尖与肩平，目视左手前方（图 3-15）。

要　点：转动身体时，要身体中正，重心变换要平稳，右脚蹬地前要有蓄劲之势，松肩沉肘，含胸拔背，气沉丹田。

⊙ 第五式：提手上势

动作 1：接上式，以左脚脚跟为轴，脚尖内扣转动身体，两腿为左实右虚，两手内合，掌心向内，左手立掌在眼前，右手内合于胯前（图 3-16）。

动作 2：右脚前移提悬于左脚侧前方，脚尖点地，左肘下沉带动左手至体前膻中位置，同时右手从体前提穿成立掌，两手成上掤之势，两腿左实右虚，面偏向西南，目平视西南方向（图 3-17）。

要　点：转动时身法不可散乱，左肘下沉、右手上提，要有向上、向外掤起之势。

图 3-13

图 3-14

图 3-15

图 3-16

图 3-17

⊙ 第六式：白鹅亮翅

动作 1：接上式，左腿微屈，重心下沉，同时右腿向西南方向迈出约一步，脚跟着地，脚尖上翘，两腿仍为左实右虚，上肢继续保持向上、向外掤起之势（图 3-18）。

动作 2：左脚蹬地，重心前移，身体前涌，右脚掌随之落平成右腿前弓步，两臂由上掤之势向前涌出，目视前方（图 3-19）。

动作 3：左脚随身体涌转向前跟进至右脚跟左后方，前脚掌点地，两腿变为右实左虚，左臂随转前伸内合，右臂沉肘，手护膻中（图 3-20）。

要　点：身体中正，手脚相随，掤涌要有气势，要有排山倒海之意。

图 3-18　　图 3-19　　图 3-20

⊙ 第七式：左搂膝拗步

动作 1：接上式，左脚落地，以右脚脚跟为轴，右脚脚尖内扣，身体随腰左转，两手内合后，左手弧形向左胯下落，右手上提至右额旁，面向正东（图 3-21）。

动作 2：左脚向东北方迈出约一步，脚跟着地，脚尖上翘，左手继续往左胯旁搂按，右臂沉肘立掌（图 3-22）。

动作 3：右脚蹬地，重心前移，左脚掌前踩成左弓步，左手掌心向下搂按至左胯旁，右手经胸前竖掌向前推出，手与口平，目视前方（图 3-23）。

动作 4：右脚随腰转前跟至左脚右后方，前脚掌点地，两腿为左实右虚，右上臂随腰转内合（图 3-24）。

图 3-21　　图 3-22　　图 3-23　　图 3-24

要　点：左手搂转时要贴胯下按，右手前推时要沉肘，至与脚尖上下相照时，随腰转内合。

⊙ 第八式：手挥琵琶

动作 1：右脚向后退半步，重心落在右脚上，左腿随右腿后撤变为左虚步，同时右手向后收于腹前，左手向上画弧至与肩平，两手掌心向内，指尖向前，目视前方（图 3-25）。

要　点：右脚后退坐实后方可撤左脚，上下肢体有护肫裹裆之意。

图 3-25

⊙ 第九式：左搂膝拗步

动作方法与要点：同第七式左搂膝拗步相同（图 3-26 至图 3-29）。

图 3-26　图 3-27　图 3-28　图 3-29

⊙ 第十式：右搂膝拗步

动作 1：接上式，以左脚脚跟为轴，脚尖内扣，转腰的同时右手从前上向右下胯旁弧形下落，左手由左下弧形上提至头左侧与嘴角齐平，面向正东，目视前方（图 3–30）。

动作 2：右脚向东南方迈出，脚跟着地，脚尖上翘，右手继续向右胯下搂按，左手立掌向前推（图 3–31 ）。

动作 3：左脚蹬地，重心前移，右脚掌随重心前移下踩成右弓步，右手楼按至右胯外侧，掌心向下，左手随腰转弧形移至胸前向前推出（图 3–32）。

动作 4：左脚随转跟步至右脚左后方，前脚掌点地，两腿为右实左虚，左上臂随腰转内合（图 3–33）。

要 点：右手搂转时要贴胯下按，左手前推时要沉肘，至与脚尖上下相照时，随腰转内合。

图 3–30　图 3–31　图 3–32　图 3–33

⊙ 第十一式：上步搬拦捶

动作 1：接上式，左手内合的同时，随腰转下落拦挡，右手握拳至右胯旁，拳眼向外，目视前方左手（图 3–34）。

动作 2：左脚上步，脚跟着地，脚尖上翘，左臂同时下拦（图 3–35）。

动作 3：右脚蹬地，重心前移，左脚用力踩下成左弓步，左臂体前屈拦至与腰平，右拳拳眼内旋向前击出，拳心向下，至左手上方止，目视前方左手（图 3–36）。

要 点：左手搬拦要随腰转，右手握拳要与之同步，沉肘蓄劲。

图 3-34　　图 3-35　　图 3-36

⊙ 第十二式：如封似闭

动作 1：接上式，右脚向前跟步，至左脚跟右后方，然后坐实成右实左虚，左脚前脚掌点地，两臂略沉肘内合（图 3-37）。

动作 2：右脚蹬地，左脚前迈一步，脚跟着地，松肩沉肘，含胸拔背（图 3-38）。

动作 3：随重心前移，左脚前脚掌落地踩实成左弓步，同时两手下按向前搓推，掌心向前，手指向上，目视前方（图 3-39）。

要　点：身体在向前推时，要保持稳定，手脚相合，要注意松肩沉肘。

图 3-37　　图 3-38　　图 3-39

第十三式：抱虎推山

动作 1：接上式，向左转腰内合，右脚向前跟步至左脚右后侧（图 3-40）。

动作 2：右脚后撤退步，前脚掌撑地，腰向右转，以左脚脚跟为轴，向内扣转，右手向右后随身体平转，左手收掌于腰间（图 3-41）。

动作 3：提起右脚，向西北方向迈出约一步，脚跟着地，脚尖上翘，同时，右手向右后画弧收抱于腰间，左手立掌提起，靠近嘴角左边，蓄劲待发（图 3-42）。

动作 4：左脚蹬地，重心前移，右脚向前用力踩实成右弓步，转腰推出左掌，目视前方（图 3-43）。

要　点：身体向右后转动时，左脚内扣，要注意身体重心的平稳过渡，全身上下要注意协调相随。

图 3-40　　图 3-41　　图 3-42　　图 3-43

第十四式：手挥琵琶

动作 1：接上式，身体向右转腰引臂内合的同时，左脚跟进至右脚跟左后侧，右臂沉肘收于右边腰间（图 3-44）。

动作 2：左脚后移半步坐实，腰向左转，右脚随之左移至左脚前，同时左手向后捋，右手向下按，手指尖与前脚尖上下对应，两手约与肩平，目视前方（图 3-45）。

要　点：左脚后退坐实后方可撤右脚，上下肢体有护肫裹裆之意。

图 3-44　　图 3-45

⊙ 第十五式：右懒扎衣

动作 1：接上式，右脚提起成左实右虚，右脚收于左脚前，脚尖点地（图 3-46）。

动作 2：重心稍降，向前迈出右脚，脚跟着地（图 3-47）。

动作 3：左脚蹬地，重心前移，右脚向前踩实成右弓步，两臂随身体前移向前涌推，目视前方（图 3-48）。

要　点：两臂“掤势”不可懈怠，身法上要保持中正，上步时身体有前涌之势，上下要协调相随。

图 3-46　　图 3-47　　图 3-48

⊙ 第十六式：单鞭

动作方法与要点：同第四式单鞭相同（图 3-49 至图 3-52）。

图 3-49　图 3-50　图 3-51　图 3-52

⊙ 第十七式：高探马

动作 1：接上式，以左脚脚跟为轴，脚尖内扣转动身体，两腿为左实右虚，两手内合，掌心向内，左手立掌在眼前，右手内合于胯前（图 3-53）。

动作 2：右脚提悬于左脚侧前方，脚尖点地，左肘下沉带动左手至体前膻中位置，同时右手从体前内合掤托至左手下方（图 3-54）。

动作 3：右脚向前迈出，脚跟着地，脚尖上翘，身体重心稍前移（图 3-55）。

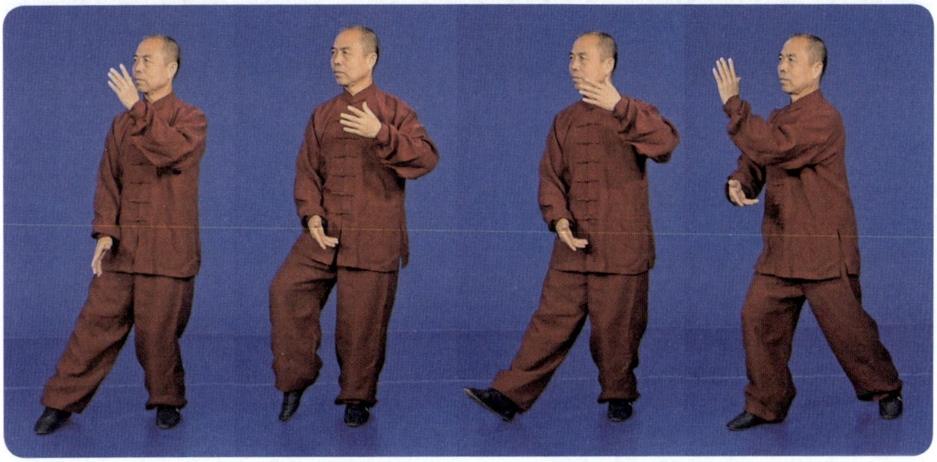

图 3-53　图 3-54　图 3-55　图 3-56

动作 4：左脚蹬地，随着身体重心前移，右脚前脚掌向下踩实成右弓步，同时左手向前推出，至与前脚齐，两手有内合之意，面向西南，目视前方（图 3–56）。

要　点：向前推出左掌时，腰稍右转，右手与左手有内合折叠之意。

⊙ 第十八式：肘底捶

动作 1：接上式，左脚向前跟步，脚尖点地，两腿为右实左虚，左臂随腰转稍内合（图 3–57）。

动作 2：以右脚脚跟为轴右脚向内扣转，左脚向右脚跟后方斜插，腰向左转，目视前方（图 3–58）。

动作 3：两腿右实左虚，左腿提起脚尖点地，左手竖掌上托，右手变拳从腰际击至左肘下方，面向正北，目视前方（图 3–59）。

要　点：左手上托时要注意松肩沉肘，身体向左转时重心要落在右脚上，身体不可前俯后仰。

图 3–57　　图 3–58　　图 3–59

⊙ 第十九式：倒撵猴一

动作 1：接上式，左前臂向内倒成左臂体前平屈，掌心向下，同时提起右臂，右手由拳变掌收于右侧脸旁，与嘴角齐平（图 3–60）。

动作 2：腰向左转，左腿向西北方向迈出，脚跟着地，脚尖上翘，重心稍下沉（图 3–61）。

动作 3：右脚蹬地，重心前移，左脚随重心前移向前踩平，左臂体前平屈随身转动，右手竖掌向前推出，目视前方（图 3–62）。

动作4：右脚随身体重心前移向前跟步，至左脚跟右后方，脚尖点地，两腿为左实右虚，同时两手内合（图3-63）。

要　点：两手运动要与身体左转协调进行，两肘关节要有外掤之意，不可松懈。

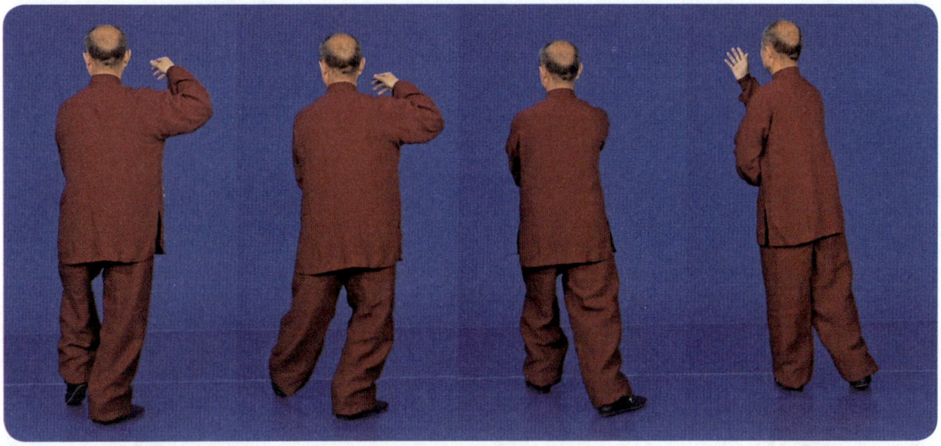

图3-60　图3-61　图3-62　图3-63

第二十式：倒撵猴二

动作1：接上式，右脚向左脚后方斜插，脚尖点地，左脚以脚跟为轴转动内扣，腰转向西南方向，右臂随身体右转的同时，成体前平屈，掌心向下，左臂上抬，同时提掌至面部左边，与嘴角齐平（图3-64）。

动作2：右脚向西南方向迈出约一步，脚跟着地，脚尖翘起，上肢动作保持不变，左臂沉肘立掌（图3-65）。

图3-64　图3-65　图3-66　图3-67

动作 3：左脚蹬地，随着身体重心前移，右脚用力向下踩实成右弓步，左手向前推出（图 3-66）。
动作 4：随左手向前推出，身体右转，左脚向前跟步至右脚左后方（图 3-67）。
要　点：同第十九式倒撵猴一。

⊙ 第二十一式：倒撵猴三

动作方法与要点：与第十九式倒撵猴一相同（图 3-68 至图 3-70）。

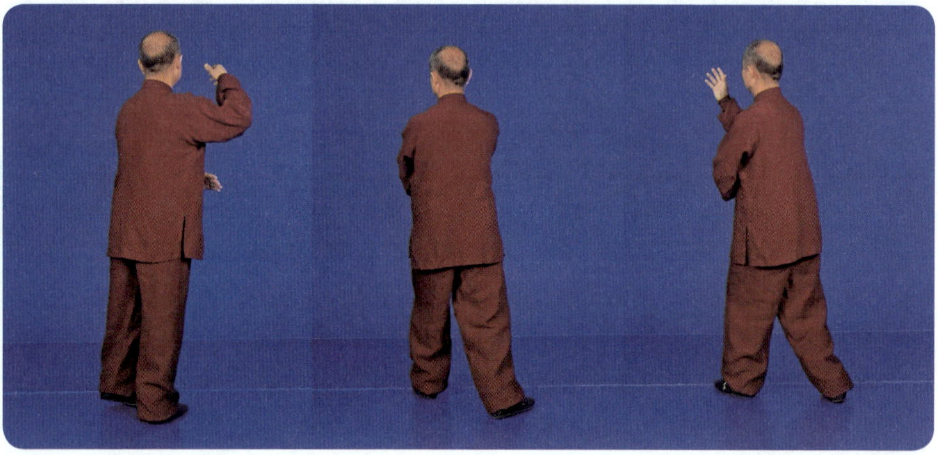

图 3-68　　图 3-69　　图 3-70

⊙ 第二十二式：倒撵猴四

动作方法与要点：与第二十式倒撵猴二相同（图 3-71 至图 3-73）。

图 3-71　　图 3-72　　图 3-73

⊙ 第二十三式：手挥琵琶

动作 1：接上式，身体向右转腰引臂内合的同时，左脚跟进至右脚跟左后方，右臂沉肘收于右边腰间（图 3–74）。

动作 2：左脚后移半步坐实，腰向左转，右脚随之后移至左脚前，脚尖点地，同时左手向后捋，右手向下按，手指尖与前脚尖上下对应，目视前方（图 3–75）。

要　点：左脚后退坐实后方可撤右脚，上下肢体有护肫裹裆之意。

图 3–74

图 3–75

⊙ 第二十四式：白鹅亮翅

动作方法与要点：与第六式白鹅亮翅相同（图 3–76 至图 3–78）。

图 3–76

图 3–77

图 3–78

⊙ 第二十五式：左搂膝拗步

动作方法与要点：与第七式左搂膝拗步相同（图 3-79 至图 3-82）。

图 3-79　　图 3-80　　图 3-81　　图 3-82

⊙ 第二十六式：手挥琵琶

动作方法与要点：与第八式手挥琵琶相同（图 3-83）。

图 3-83

⊙ 第二十七式：青龙出水

动作 1：接上式，左掌内旋下按，掌心向下，同时右手拇指外转掌心向上捧起，高与下颚齐平（图 3-84）。

要　点：身体中正，气沉丹田，两手有对拉外掤之势。

图 3-84

⊙ 第二十八式：按式

动作 1：接上式，两腿下蹲，右手随身体下落下按至两膝前下方，指尖指向地面，目视右手（图 3-85）。

要　点：两腿要顺势下蹲，身体前俯但不可前倾失去重心。

图 3-85

⊙ 第二十九式：三通背一

动作 1：接上式，抬头起身，身体稍右转，右臂抬平指尖向前，左手拇指向下，掌心向外与右臂成交叉状（图 3-86）。

动作 2：左脚向前迈出一步，身体右转，左手向前推出，高与眼平；右手同时向后转拉，手掌外翻，两臂成对拉之势，眼看左手，面向东方（图 3-87）。

要　点：转体的同时，拉右臂，击出左掌。

图 3-86　　图 3-87

⊙ 第三十式：三通背二

动作 1：接上式，左脚以脚跟为轴内扣，右脚掌抬起外摆，转体至面向西方，重心在左腿上，两臂随身体转动，自然画弧成左高右低之势，掌心向前（图 3-88）。

动作 2：左腿蹬地，身体左转，同时右脚向下踩实，左掌后引，右掌随身体转动击出，面向西方（图 3-89）。

要　点：转体的同时，拉左臂，击出右掌。

图 3-88

图 3-89

⊙ 第三十一式：退步懒扎衣（左）

动作 1：接上式，右转后撤右腿，成左虚右实，左脚脚尖点地，左手立掌，掌心向内，高与眼平，右手收于胸前，两手掌心向内，两臂有上掤之势（图 3-90）。

动作 2：重心向右脚下沉，左脚向前迈出，脚跟着地，脚尖上翘，上体姿势保持不变（图 3-91）。

动作 3：右脚蹬地，重心前移，左脚随身体重心前移向下踩实成左弓步，两臂随身体前移向前涌推，面向西方（图 3-92）。

要　点：两臂"掤势"不可懈怠，身法上要保持中正，上步时身体有前涌之势，上下要协调相随。

图 3-90

图 3-91

图 3-92

⊙ 第三十二式：上步懒扎衣（右）

动作 1：接上式，右脚向前跟，成左实右虚，右脚在左脚前脚尖点地，同时随身体转动左臂沉肘，左掌收于胸前，指尖向前，右臂随转内合前伸，两臂暗含向前向上掤起之意（图 3–93）。

动作 2：身体重心向左脚下沉，同时右脚向前迈出，脚跟着地，脚尖翘起，上体保持不变（图 3–94）。

动作 3：左脚蹬地，身体重心前移，随着身体重心前移，右脚脚掌向下踩实成右弓步，两臂随身体前移向前涌推，面向西方（图 3–95）。

要　点：与第三十一式退步懒扎衣（左）相同。

图 3–93

图 3–94

图 3–95

⊙ 第三十三式：单鞭

动作方法及要点：与第四式单鞭相同（图 3–96 至图 3–99）。

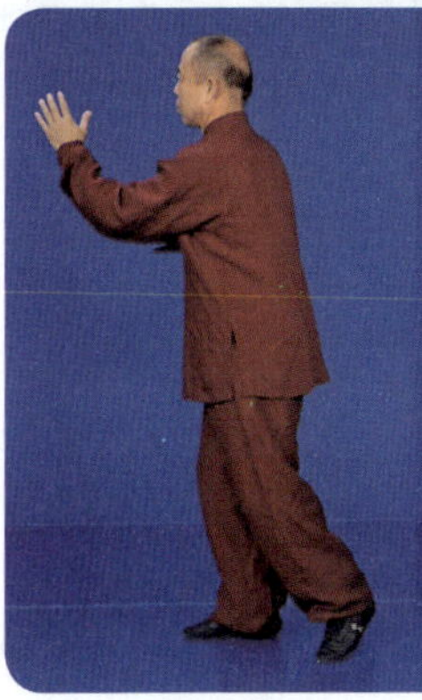

图 3–96

图 3–97

图 3–98

图 3–99

⊙ 第三十四式：云手一

动作 1：接上式，身体重心移至右腿，左脚随之收到右脚旁，脚尖点地，两腿为右实左虚，左手向下画弧落至左胯外侧，右手向上画弧至头右上侧，面向南方（图 3–100）。

动作 2：左脚向左迈出，同时左手向右经胸前向上画弧至面前，右手向下画弧至右胯前，目视左手（图 3–101）。

动作 3：右脚蹬地，向左转腰，左脚掌落平成左弓步，同时左手向左推出，右手随身体转动向左至左胯前，面向东方，重心落在左脚上（图 3–102）。

动作 4：以左脚脚跟为轴，脚尖内扣，身体右转，右脚跟着地，脚尖上翘，同时，左手向下画弧至左胯前，右手向上画弧经胸前至头部右前方，目视右手（图 3–103）。

动作 5：左脚蹬地，身体继续右转，至正西方时，右手坐腕前推，左手随身体向右转动至右胯前，面向西方，重心落在右脚上（图 3–104）。

要　点：两手画弧时要上下协调配合，转动身体时注意重心变换。

图 3–100　　图 3–101　　图 3–102　　图 3–103　　图 3–104

⊙ 第三十五式：云手二

动作方法与要点：与第三十四式云手一相同（图 3–105 至图 3–108）。

图 3–105　图 3–106　图 3–107　图 3–108

⊙ 第三十六式：云手三

动作方法与要点：与第三十四式云手一相同（图 3–109 至图 3–112）。

图 3–109　图 3–110　图 3–111　图 3–112

⊙ 第三十七式：单鞭

动作方法与要点：与第四式单鞭相同（图 3-113 至图 3-115）。

图 3-113　图 3-114　图 3-115

⊙ 第三十八式：左高探马

动作方法与要点：与第十七式高探马相同（图 3-116 至图 3-119）。

图 3-116　图 3-117　图 3-118　图 3-119

⊙ 第三十九式：右高探马

动作 1：接上式，左脚跟进，左臂随转内合，眼看左手（图 3–120）。

动作 2：右脚以脚跟为轴，向内转扣，左臂随转下落至腹前，掌心由内向上转，右臂抬起，沉肘立掌在脸的右侧，高与嘴角齐平（图 3–121）。

动作 3：重心下沉，继续左转，面向东方，左脚向前迈出，脚跟着地，脚尖上翘（图 3–122）。

动作 4：右脚蹬地，重心前移，左脚脚掌随重心前移向下踩实，右掌随身体转动向前推出，与前脚齐，目视击打方向。左掌掌心向上在右肘下方，有内合之意（图 3–123）。

要　点：向前推出右掌时，腰稍向左转，左手与右手有内合折叠之意。

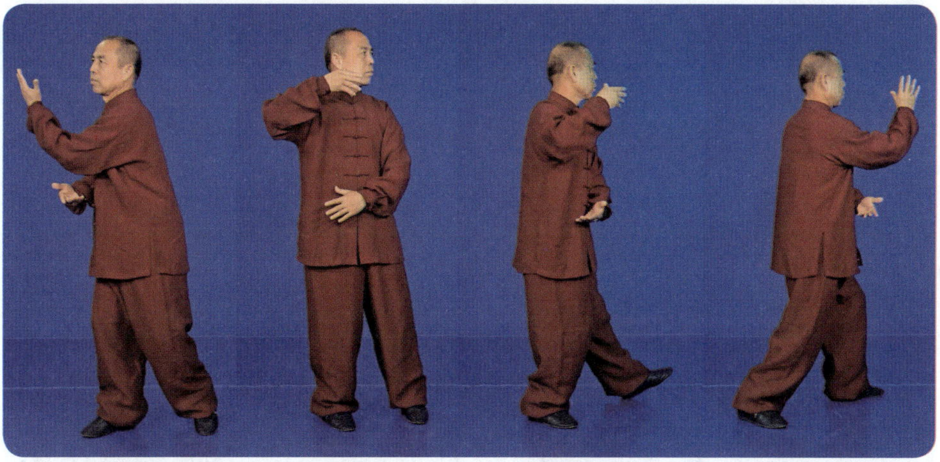

图 3–120　　图 3–121　　图 3–122　　图 3–123

⊙ 第四十式：右起脚

动作 1：接上式，右脚跟步，脚尖点地，重心落在左脚上，右臂随跟步转向内，有内合之意（图 3–124）。

动作 2：左脚以脚跟为轴，脚尖内扣稍右转，面向正东，两手在体前交叉，右手在内，左手在外，两腿为左实右虚（图 3–125）。

动作 3：提起右膝，两臂抬至胸前交叉（图 3–126）。

动作 4：右脚向前上方踢出，两手向左右分劈（图 3–127）。

要　点：提膝时要保持重心稳定，向前踢出的右脚要绷平，要有力达脚尖之意。

图 3-124　　图 3-125　　图 3-126　　图 3-127

⊙ 第四十一式：左起脚

动作 1：接上式，右脚落地变为实腿，左腿变虚，同时两手下按在小腹前（图 3-128）。

动作 2：右脚尖微向内扣，提起左膝，两手体前交叉抬至面前，目视前方（图 3-129）。

动作 3：左脚向前上方踢出，脚面绷直，同时两手向两边分劈（图 3-130）。

要　点：除方向不同外，与右起脚相同。

图 3-128　　图 3-129　　图 3-130

第四十二式：转身蹬一脚

动作 1：接上式，左脚踢出后内收，身体保持平衡，右脚以脚跟为轴，脚尖内扣，向左转至面向西北方向，左膝上提，同时两臂体前交叉抬至面前，左手在外，右手在内，目视前方（图 3–131）。

动作 2：左腿侧蹬出，力达脚跟，同时两臂向两边分劈，目视正西（图 3–132）。

要　点：蹬腿前，周身蓄劲，要有收合之意，蹬出时右腿支撑发力，左腿力达左脚跟，上下肢要协调配合。

图 3–131　　图 3–132

第四十三式：践步栽捶

动作 1：接上式，左脚向前跨出一大步，脚尖点地，重心在右脚上，身体右转，两臂平展，右手握拳，拳心向前，眼看右拳（图 3–133）。

动作 2：左脚向前跌步，落地下蹲，右脚跟进占据左脚位置，同时上身前俯，右拳经头右侧向前下击出，左手顺势内合护于右臂上方，目视右拳（图 3–134）。

要　点：栽捶时身体不可前冲，靠屈腿降低重心，切不可弯腰翘臀。

图 3-133

图 3-134

⊙ 第四十四式：翻身二起脚

动作 1：接上式，起身转体，右手随转体横劈，重心放在右脚上（图 3-135）。

动作 2：当右手向下落时，前摆左腿，右脚蹬地，身体腾空，左腿从空中向下落时，踢起右脚，脚面绷直，右手击拍右脚面，左手后引维持身体平衡（图 3-136）。

要　点：转身蹬起要动作连贯，一气呵成，腾空落地要保持身体平衡。

图 3-135

图 3-136

⊙ 第四十五式：退步收身披身

动作 1：接上式，二起脚落地后，左脚向后稍撤，同时两手向后下画弧捋按至小腹前，身体稍微左转，重心落在左脚上，面向正东方向（图 3–137）。

动作 2：左脚蹬地，重心前移成右弓步，同时两手向下、向上、向前画弧前推，右手高与肩平，左手至胸前与右肘齐，目视前方（图 3–138）。

要 点：两手向下、向后画弧要有捋意，注意两腿的虚实转换要与上肢协调一致。

图 3–137

图 3–138

⊙ 第四十六式：巧捉龙

动作 1：接上式，身体重心后移至左脚上，右脚向后收于左脚前，脚尖点地，同时右手由掌变抓握状收回，从腹前向上画弧至胸前，与左手成抱球状，目视前方（图 3–139）。

图 3–139

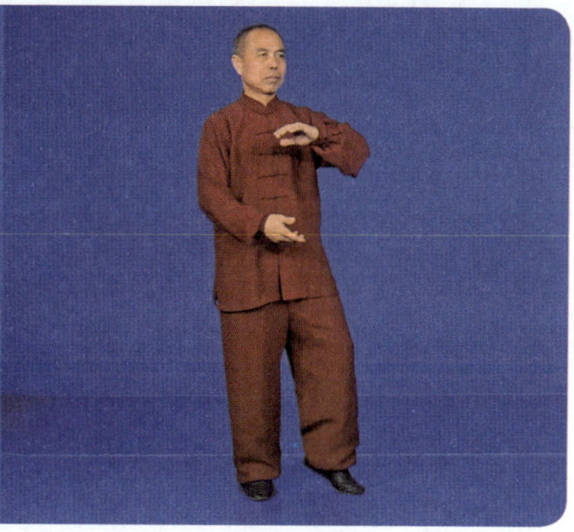

图 3–140

动作 2：右脚落地，由虚变实，身体随之右转，左脚脚尖点地，同时，两手按顺时针方向旋转成左上右下之抱球状，面向南方（图 3–140）。

要　点：两脚的重心转换要与两手的动作协调配合，并保持身体平衡。

⊙ 第四十七式：踢一脚

动作 1：接上式，提起左膝，脚尖朝下，身体重心落在右脚上，上抬右臂与左臂至面前交叉，两手变掌，目视左前方（图 3–141）。

动作 2：左脚向前上方踢出，两掌同时向左右分开，高与肩平，面向东方（图 3–142）。

要　点：踢脚时脚面要绷直，身体不可前俯后仰。

图 3–141　　图 3–142

⊙ 第四十八式：转身蹬一脚

动作 1：接上式，左脚下落至右脚外侧，脚尖点地，同时两手内合交叉至面前，身体转向正北方，左脚变为轴心脚，并提起右膝，脚尖向下，目视前方（图 3–143）。

动作 2：右脚跟用力向右蹬伸，同时两手向两边画弧分开，面向东北，目视前方（图 3–144）。

要　点：转体时要保持身体中正，右脚的上提与蹬伸要与两手的分合协调进行，蹬伸时要力达脚跟。

图 3-143

图 3-144

⊙ 第四十九式：右搂膝拗步

动作方法与要点：与第十式右搂膝拗步相同。（图 3-145、图 3-146）

图 3-145

图 3-146

⊙ 第五十式：上步搬拦捶

动作方法与要点：与第十一式上步搬拦捶相同（图 3-147 至图 3-149）。

图 3-147

图 3-148

图 3-149

⊙ 第五十一式：如封似闭

动作方法与要点：与第十二式如封似闭相同（图 3-150 至图 3-152）。

图 3-150

图 3-151

图 3-152

⊙ 第五十二式：抱虎推山

动作方法与要点：与第十三式抱虎推山相同（图3-153至图3-156）。

图3-153　图3-154　图3-155　图3-156

⊙ 第五十三式：手挥琵琶

动作方法与要点：与第十四式手挥琵琶相同。只是方向上略有不同，本式面向西北方向（图3-157至图3-158）。

图3-157　图3-158

第五十四式：斜懒扎衣

动作方法与要点：与第十五式右懒扎衣相同，但本式的方向是面向西北（图 3-159 至图 3-160）。

图 3-159　　图 3-160

第五十五式：斜单鞭

动作方法与要点：与第四式单鞭动作相同，但本式动作转向正南方，胸部略偏（图 3-161 至图 3-164）。

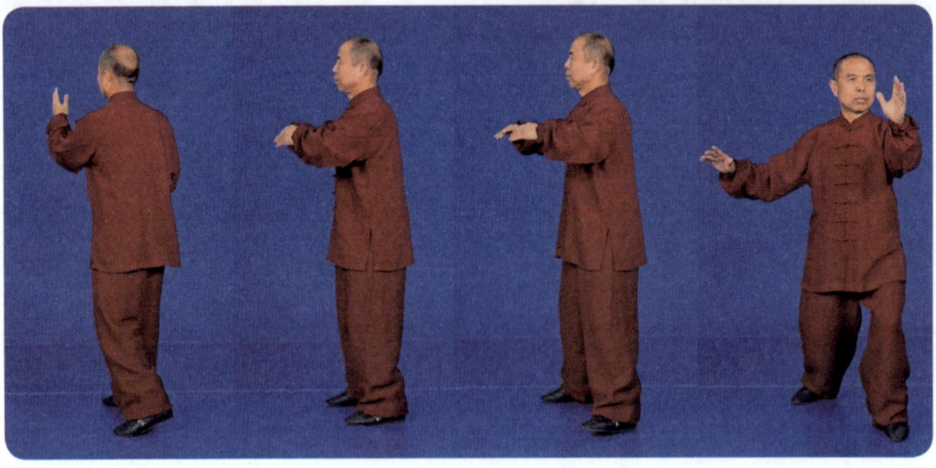

图 3-161　　图 3-162　　图 3-163　　图 3-164

⊙ 第五十六式：野马分鬃一

动作1：接上式，以左脚脚跟为轴，脚尖内扣，身体右转，面向西南，右脚收至左脚斜前方，脚尖点地，同时两手内合，左手至右肩前，掌心向外，右手下落至腹前，掌心向左胯（图3–165）。

动作2：右脚向西北方迈出，脚跟着地，前脚尖翘起，重心落在左腿上（图3–166）。

动作3：左脚蹬地，身体缓缓右转，重心前移，右脚掌向前踩实成右弓步，同时右手向右侧前上方掤起，略高于肩，左手同时向左下对拉至左胯前，目视前方（图3–167）。

要 点：上步时要蹬地、转腰、转肩带动右臂上掤，用力由下到上节节贯穿。

图3–165　　图3–166　　图3–167

⊙ 第五十七式：野马分鬃二

动作1：接上式，左脚前跟至右脚前，脚尖点地，两手内合，右手至左肩前，掌心向外，左手至右胯前，目视西南（图3–168）。

动作2：左脚并向西南方迈步，脚跟着地，身体重心落在右脚上（图3–169）。

动作3：右脚蹬地，身体缓缓左转，重心前移，左脚掌向前踩实成左弓步，同时左手向左侧前上方掤起，略高于肩，右手同时向右下对拉至右胯前，目视前方（图3–170）。

要 点：上步时要蹬地、转腰、转肩带动左臂上掤，用力由下到上节节贯穿。

图 3-168

图 3-169

图 3-170

⊙ 第五十八式：野马分鬃三

动作方法与要点：与第五十六式野马分鬃一相同（图 3-171 至图 3-173）。

图 3-171

图 3-172

图 3-173

⊙ 第五十九式：手挥琵琶

动作方法与要点：与第十四式手挥琵琶相同（图 3-174）。

⊙ 第六十式：懒扎衣

动作方法与要点：与第十五式右懒扎衣相同(图 3-175、图 3-176)。

图 3-174

图 3-175

图 3-176

⊙ 第六十一式：单鞭

动作方法与要点：与第四式单鞭相同（图 3-177 至图 3-180）。

⊙ 第六十二式：玉女穿梭一

动作 1：接上式，身体右转，重心移至右脚上，脚尖外摆至指向西南方，同时右手外掤至头上右侧，左手向下画弧至左胯前（图 3-181）。

动作 2：左脚随身体右转，提步跟至右脚侧前，脚尖点地，重心落在右腿上，同时左手画弧上掤，高与眼齐，右手画弧收于左手内侧，目视前方(图 3-182）。

图 3-177　图 3-178　图 3-179　图 3-180

动作 3：左脚向西南方迈出，脚跟着地，脚尖上翘，同时，右臂在胸前沉肘、坐腕蓄劲，面向西南（图 3-183）。

动作 4：右脚蹬地，重心前移，左脚前脚掌用力向下踩实，同时左臂随转体外翻上掤，右掌竖掌从胸前推出，目视右手前方（图 3-184）。

要　点：蹬、转、掤、打要一气贯穿，身法不可散乱。

图 3-181　图 3-182　图 3-183　图 3-184

第六十三式：玉女穿梭二

动作 1：接上式，右脚向前跟步，至左脚后方，脚尖点地，重心落在左脚上，两手臂同时内合，目视前方（图 3–185）。

动作 2：右腿向右后回撤落地，向右转腰，同时左脚以脚跟为轴，脚尖内扣，两臂交叉于胸前，右手在外，左手在内，并随身体的转动缓缓外旋（图 3–186、图 3–187）。

动作 3：继续转动身体至面向东南，右脚向东南方迈出，脚跟着地，脚尖翘起，重心落在左腿上，同时右臂外旋上掤至额右前方，左臂沉肘坐腕立掌，面向东南（图 3–188）。

动作 4：左脚用力蹬地，身体重心前移，右脚掌用力向下踩实，同时右臂随转体外翻上掤，左掌竖掌从胸前推出，目视左手前方（图 3–189）。

要　点：蹬、转、掤、打要一气贯穿，身法不可散乱。

图 3–185　图 3–186　图 3–187　图 3–188　图 3–189

第六十四式：玉女穿梭三

动作 1：接上式，左脚向前跟步至右脚后方，脚尖点地，重心落在右脚上，同时两臂内收于体前，左臂曲臂立掌，右臂沉肘，手掌收于胸前（图 3–190）。

动作 2：以右脚脚跟为轴，向左转体，同时右脚脚尖内扣，迈左步向东北方，脚跟着地，脚尖上翘，上体两臂保持上掤之势，面向东北（图 3–191）。

动作 3：右脚蹬地，身体重心前移，左脚用力下踩，身体成左弓步，同时左臂外旋上掤，右手从胸前推出，目视右手击打方向（图 3–192）。

要　点：蹬、转、掤、打要一气贯穿，身法不可散乱。

图 3-190　　图 3-191　　图 3-192

⊙ 第六十五式：玉女穿梭四

动作 1：接上式，右脚向前跟步至左脚跟后方，脚尖点地，重心落在左脚上，同时两臂内合，右臂屈立于身前，高与眼齐，左臂合收于胸前，目视前方（图 3-193）。

动作 2：后撤右脚至左脚跟后方，左脚以脚跟为轴，脚尖内扣，身体随之向右转至向西，两臂继续保持上掤之势（图 3-194、图 3-195）。

图 3-193　　图 3-194　　图 3-195　　图 3-196

动作 3：右脚向西北方迈出，脚跟着地，脚尖上翘，同时左脚蹬地，重心前移，右脚用力下踩至脚掌落地，成右弓步，右臂外旋上掤，左手从胸前推出，目视左手击打方向（图 3–196）。

要　点：蹬、转、掤、打要一气贯穿，身法不可散乱。

⊙ 第六十六式：手挥琵琶

动作方法与要点：与第十四式手挥琵琶相同（图 3–197、图 3–198）。

图 3–197　　图 3–198

⊙ 第六十七式：懒扎衣

动作方法与要点：与第十五式右懒扎衣相同（图 3–199、图 3–200）。

图 3–199　　图 3–200

第六十八式：单鞭

动作方法与要点：与第四式单鞭相同（图 3-201 至图 3-204）。

图 3-201　图 3-202　图 3-203　图 3-204

第六十九式：云手一

动作方法与要点：与第三十四式云手一相同（图 3-205 至图 3-209）。

图 3-205　图 3-206　图 3-207　图 3-208　图 3-209

第七十式：云手二

动作方法与要点：与第三十五式云手二相同（图 3-210 至图 3-213）。

图 3-210　图 3-211　图 3-212　图 3-213

第七十一式：云手三

动作方法与要点：与第三十六式云手三相同（图 3-214 至图 3-217）。

图 3-214　图 3-215　图 3-216　图 3-217

第七十二式：单鞭

动作方法与要点：与第四式单鞭相同（图 3-218 至图 3-220）。

图 3-218　　图 3-219　　图 3-220

第七十三式：下势

动作 1：接上式，左脚以脚跟为轴，脚尖内扣，右脚尖外摆，向右转体成右弓步，两臂展开斜平伸，掌心向下，眼看右手（图 3-221）。

动作 2：下蹲，降低身体重心成左仆步，两掌心向前、向外，眼看右手（图 3-222）。

动作 3：身体重心从右脚移至左脚，成左弓步，眼看左手（图 3-223）。

要　点：身体重心变换时要保持平稳过渡。

图 3-221　　图 3-222　　图 3-223

⊙ 第七十四式：更鸡独立一

动　作：接上式，右脚蹬地，身体重心过渡到左脚，身体稍左转前移，腰胯带动，以左腿为支撑直立身体，提起右膝，同时左手向前穿掌后下按至左胯外，右手向上画弧竖掌至面前，高与眼平，指尖向上，目视正东方右手指尖（图 3–224）。

要　点：抬臂、提膝要同步进行，单脚支撑时要保持重心稳定。

⊙ 第七十五式：更鸡独立二

动　作：右脚下落，身体重心落在右脚上，右手随之下按至右胯外侧，掌心向下，指尖向前，同时提起左膝，左手随之向上画弧至面前，指尖向上，高与眼平，眼看正东方左手指尖（图 3–225）。

要　点：与第七十四式更鸡独立一相同。

图 3–224

图 3–225

⊙ 第七十六式：倒撵猴一

动作方法与要点：与第十九式倒撵猴一相同（图 3-226 至图 3-229）。

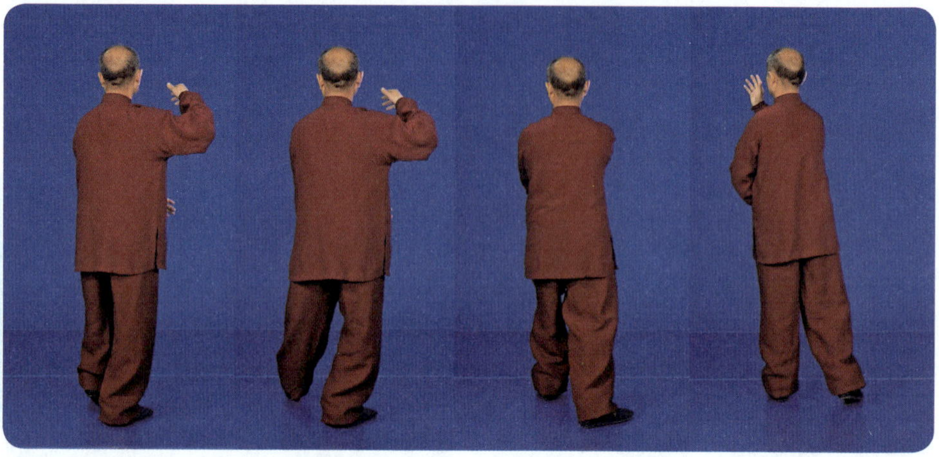

图 3-226　图 3-227　图 3-228　图 3-229

⊙ 第七十七式：倒撵猴二

动作方法与要点：与第二十式倒撵猴二相同（图 3-230 至图 3-233）。

图 3-230　图 3-231　图 3-232　图 3-233

⊙ 第七十八式：倒撵猴三

动作方法与要点：与第二十一式倒撵猴三相同（图 3-234 至图 3-237）。

图 3-234　图 3-235　图 3-236　图 3-237

⊙ 第七十九式：倒撵猴四

动作方法与要点：与第二十二式倒撵猴四相同（图 3-238 至图 3-240）。

图 3-238　图 3-239　图 3-240

⊙ 第八十式：手挥琵琶

动作方法与要点：与第二十三式手挥琵琶相同（图 3-241、图 3-242）。

图 3-241

图 3-242

⊙ 第八十一式：白鹅亮翅

动作方法与要点：与第六式白鹅亮翅相同（图 3-243、图 3-244）。

图 3-243

图 3-244

⊙ 第八十二式：左搂膝拗步

动作方法与要点：与第七式左搂膝拗步相同（图 3-245 至图 3-248）。

图 3-245　　图 3-246　　图 3-247　　图 3-248

⊙ 第八十三式：手挥琵琶

动作方法与要点：与第八式手挥琵琶相同（图 3-249、图 3-250）。

图 3-249　　图 3-250

⊙ 第八十四式：青龙出水

动作方法与要点：与第二十七式青龙出水相同（图 3-251）。

⊙ 第八十五式：按式

动作方法与要点：与第二十八式按式相同（图 3-252）。

图 3-251

图 3-252

⊙ 第八十六式：三通背一

动作方法与要点：与第二十九式三通背一相同（图 3-253、图 3-254）。

图 3-253

图 3-254

⊙ 第八十七式：三通背二

动作方法与要点：与第三十式三通背二相同（图 3-255、图 3-256）。

图 3-255

图 3-256

⊙ 第八十八式：退步懒扎衣（左）

动作方法与要点：与第三十一式退步懒扎衣（右）相同（图 3-257、图 3-258）。

图 3-257

图 3-258

⊙ 第八十九式：上步懒扎衣（右）

动作方法与要点：与第三十二式上步懒扎衣（右）相同（图 3-259 至图 3-261）。

图 3-259　　图 3-260　　图 3-261

⊙ 第九十式：单鞭

动作方法与要点：与第四式单鞭相同（图 3-262 至图 3-265）。

图 3-262　　图 3-263　　图 3-264　　图 3-265

⊙ 第九十一式：云手一

动作方法与要点：与第三十四式云手一相同（图 3-266 至图 3-270）。

图 3-266　图 3-267　图 3-268　图 3-269　图 3-270

⊙ 第九十二式：云手二

动作方法与要点：与第三十五式云手二相同（图 3-271 至图 3-274）。

图 3-271　图 3-272　图 3-273　图 3-274

第九十三式：云手三

动作方法与要点：与第三十六式云手三相同（图 3-275 至图 3-278）。

图 3-275　图 3-276　图 3-277　图 3-278

第九十四式：单鞭

动作方法与要点：与第四式单鞭相同（图 3-279 至图 3-281）。

图 3-279　图 3-280　图 3-281

⊙ 第九十五式：高探马

动作方法与要点：与第十七式高探马相同（图 3-282 至图 3-284）。

图 3-282 图 3-283 图 3-284

⊙ 第九十六式：对心掌

动作 1：接上式，左脚向前跟步至右脚左后方，脚尖点地，重心落在右脚上，两手内合有折叠之意，目视西南方向（图 3-285）。

动作 2：以右脚脚跟为轴，身体向左转，右脚脚尖内扣，左脚脚尖点地，左臂画弧下落，右臂画弧上提，两手成抱球状（图 3-286）。

图 3-285 图 3-286 图 3-287 图 3-288

动作3：当身体转至面向正东方时，向前迈左脚，脚跟着地，脚尖上翘，重心落在右腿上，同时左臂随转身上掤至额前，右手沉肘立掌于胸前，面向正东方（图3-287）。

动作4：右脚蹬地，身体重心前移，左脚用力向下踩实成左弓步，同时左臂外旋上掤，右掌向前击出，目视前方右掌（图3-288）。

要　点：蹬、转、掤、击动作要连贯，要节节贯穿，一气呵成。

第九十七式：转身十字脚

动作1：接上式，右脚向前跟步至左脚内侧后方，脚尖点地，重心落在左脚上，右臂随跟步转腰内合，目视右手（图3-289）。

动作2：后撤右脚至左脚侧后方，脚尖点地，左脚以脚跟为轴，脚尖内扣，身体随之右转，面向正西方，同时，右臂随转落平，曲臂掤于体前，掌心向外，左臂抱收于腰间，重心落在左脚上，目视前方（图3-290）。

动作3：右臂沉肘，右手握拳收于腰间，同时向前踢右脚，脚面绷直，左手拍击右脚面（图3-291）。

要　点：向前踢时身体不可前俯后仰，转体、收抱拳、踢拍要协调连贯。

图3-289　图3-290　图3-291

⊙ 第九十八式：上步指裆捶

动作 1：接上式，右脚落地后，左脚向前迈出成左弓步，同时左臂下落按在左胯外侧，右脚蹬地，右拳从下向前上弧形击出，拳眼向上，目视前方（图 3-292）。

要　点：上步击打时，左右两臂有对拉之力，蹬、转、击打要一气贯串。

图 3-292

⊙ 第九十九式：上步懒扎衣

动作方法与要点：与第三十二式上步懒扎衣（右）相同（图 3-293 至图 3-295）。

图 3-293　　图 3-294　　图 3-295

⊙ 第一百式：单鞭

动作方法与要点：与第四式单鞭相同（图 3-296 至图 3-299）。

图 3-296　图 3-297　图 3-298　图 3-299

⊙ 第一百零一式：下势

动作方法与要点：与第七十三式下势相同（图 3-300、图 3-301）。

图 3-300　图 3-301

⊙ 第一百零二式：上步七星

动　作：接上式，右脚蹬地，身体重心随之移至左脚上，左脚用力，身体直立，右脚直线向前迈出至左脚前，脚尖点地，右手握拳由下向上弧线击至面前，与下颚齐平，左手在右拳击打时内合于右肘关节处，掌心向下，目视右拳（图 3-302、图 3-303）。

要　点：上步击打要保持身体重心稳定，充分利用两臂交叉合力。

图 3-302

图 3-303

⊙ 第一百零三式：退步跨虎

动　作：接上式，右脚后撤，重心下沉落至右脚上，两臂随身体重心后移拉开，右手由拳变掌，立于头右前侧，左手下捋至左胯外侧，面向正东方，目视前方（图 3-304）。

要　点：随右脚后撤，含胸拔背，两臂拉开要有外撑之势。

图 3-304

⊙ 第一百零四式：转身摆莲

动作 1：接上式，两脚以脚跟为轴，左脚尖内扣，右脚尖外摆，向右转体 180°，同时右手下按，左手上提，两臂仍为对拉外撑之势（图 3–305）。

动作 2：左脚用力，身体重心移至右脚上，以右脚脚跟为轴，右脚尖外摆 180°，指向正东方，同时左脚随身体转动跨至右脚右侧，两臂在身前交叉，掌心向下（图 3–306）。

动作 3：身体继续右转，至对向正南方时，向西南方后引两臂，左臂体前屈，右臂向西南方伸直，两掌心向下，同时转身面向后引之手（图 3–307）。

动作 4：向上提起右腿，脚面绷直，由左向右向外摆打，同时向左转腰，两后引之手由右后向左前拍打右脚面（图 3–308 至图 3–310）。

要　点：转身与重心变换时要保持身体稳定，击打脚面时，要以胯带腿，以腰带臂，充分利用好两个方向上的合力。

图 3–305

图 3–306

图 3–307

图 3–308

图 3–309

图 3–310

⊙ 第一百零五式：弯弓射虎

动作 1：接上式，外摆右脚向西南方落地，前弓右腿，两手同时变握拳，拳心向下，由左下向右后弧线上收，腰微向右转，面向正南（图 3–311）。
动作 2：向左转腰，同时两臂向外撑开成拉弓之势，目视东南（图 3–312）。
要　点：弯弓欲“射箭”，转胯是关键。

图 3–311

图 3–312

⊙ 第一百零六式：双抱捶

动作 1：接上式，右脚后退一步坐实，左腿随之后撤收于右脚左侧，脚尖点地，身体重心放在右脚上，同时两手握拳随身体后撤，外旋收于两胯前，目视前方（图 3–313）。

图 3–313

图 3–314

图 3–315

动作 2：左脚向东南方迈出一步，脚跟点地，身体重心下沉至右脚（图 3-314）。

动作 3：右脚蹬地，身体重心前移，左脚向下踩实，脚掌落地成左弓步，同时两拳向前、向下、向上弧形击出（图 3-315）。

要 点：气沉丹田，劲由内换，保持身法中正，不可前倾后仰。

第一百零七式：手挥琵琶

动作方法与要点：同第八式手挥琵琶相同，但方向有别（图 3-316）。

第一百零八式：收势

动作 1：接上式，腰向左转，身体朝向正南，两手向内旋转，掌心向下（图 3-317）。

动作 2：后撤左脚，成两脚开立姿势，身体重心落在两脚中间，同时两掌下按至两胯外侧（图 3-318）。

动作 3：左脚向右脚靠拢，两手自然收于两胯成自然站立姿势，调息收势（图 3-319）。

图 3-316

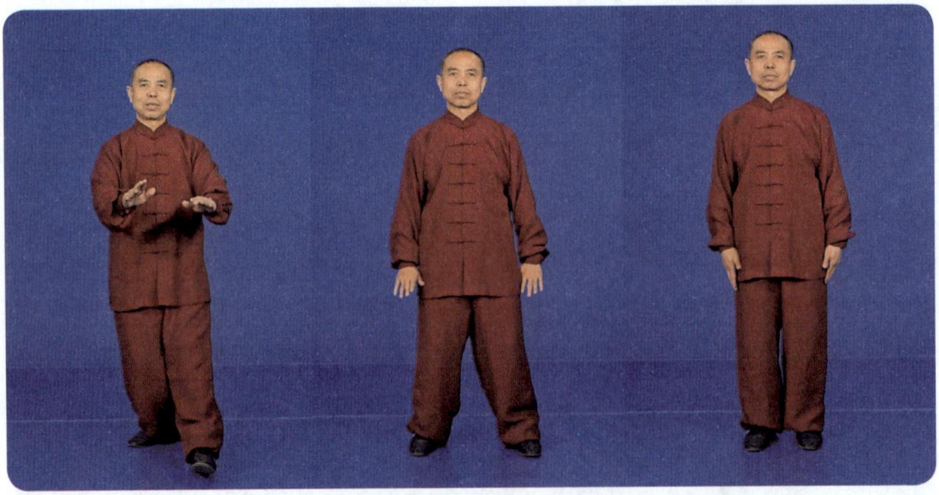

图 3-317　图 3-318　图 3-319

第四章
武式太极拳推手基本习练方法

一、太极拳推手技法阐述

太极拳的推手，过去被人们称为“打手”或“揉手”，也有少数人风趣地称之为“摸手”。“推手”一词何时开始使用，目前已无从考证。武式太极拳宗师郝月如在其著作中用“打手”而不用“推手”一词，他是这样解释的：“‘打手’一词，是先辈太极拳师所惯用的。原因在于太极拳艺并非凭借两手的推力所获及，太极拳艺能使人抛跌的花样繁多，是“推”字难以概全也体现不了的。”而“揉手”的“揉”，《说文解字》的解释为：“揉”的本义为用火烘烤使木变得弯曲，使其由直变弯为“揉”。引申指用手来回擦或搓。根据以上释义，太极拳的推手人们曾称之为“揉手”是比较贴切于这种运动方式的根本特点的。目前，太极拳的“打手”或“揉手”称为推手的技法，千万不能片面地从“推”字上去理解和运用，如果只是一味地去“推”，就是没有太极技巧的“顶牛”了。太极拳推手含有“擦”“搓”“打”等各种技术手法，不是一个“推”字能够概括的。

太极拳推手手法主要有掤、捋、挤、按、采、挒、肘、靠，步法有前进、后退、左顾、右盼、中定，古人称之为“八卦五行”，也叫“十三势”。太极拳推手是在两人搭手不丢不顶、粘连黏随的情况下，按照步法身法的特殊要求，感知对手推我、击我的劲源，通过来回“揉”“擦”及折叠等的曲线变化，改变或限制对方的劲道路线，保持自身平衡不被对方破坏或不被对方击倒，进而去破坏对方身体平衡或击倒对方的一种手脚相随、周身协调配合的“搏击”运动。

通过长期练习太极拳推手动作，能提高习练者对力的感知程度，提高神经肌肉的传导速度，在中枢神经系统的指挥下，能对外来之力的大小、方向做出准确的判断，并能做出有效的应急处理，这种应急处理就是“听劲”后机体所建立的敏感反应，是机体建立的合理有序的条件反射。人们常说的“引进落空、借力打力”等都是长期习练推手的有效反映。

二、武式太极拳推手基本习练方法

武式太极拳推手最具有代表性的基本习练方法有两种：四正定步推手和活步推手。为了太极拳习练者能更好更快地学习太极推手，本章根据推手动作的难易程度，按照循序渐进的原则，先介绍四正定步推手练习，即下肢不迈步，固定步法，靠移动身体重心来替代前进或后退，上肢运用“掤、捋、挤、按”四手法，待上肢手法基本熟练后，再结合步法进行活步推手练习。

（一）四正定步推手图解

动作 1：甲（左）乙（右）两人对面站立，相距两步远，两手自然放于体侧，目光对视，调整呼吸，内固精神，外示安逸，做好推手准备（图 4–1）。

动作 2：甲（左）乙（右）都向自己的右侧前方迈出正常一步，向前伸出右手，屈臂搭腕，即两人右腕部搭在一起，左手扶在对方的右肘部位，即“搭手摸肘”，搭手之臂稍掤，暗含向前、向外撑圆之势（图 4–2）。

图 4–1

图 4–2

动作 3：乙（右）左脚蹬地，身体重心前移成右弓步，同时双手通过与甲的右臂上的两个接触点（腕部与肘部）沿顺时针方向旋转掤挤甲，甲根据乙的推力与方向，接触点不丢不顶，身体重心后移落在左脚上，随乙之力轮转右臂捋按乙（图 4–3）。

动作 4：接上式，当乙的前推之力走到尽头时，甲松开扶对方右肘之左手，从身前插向乙左手之下，外翻手掌，以左腕部粘上乙的左腕部，同时抽回右手扶在乙的左肘部位，跟随乙推转方向继续轮转（图 4–4）。

图 4–3

图 4–4

动作 5：接上式，甲左脚蹬地，身体重心前移，通过与乙左手臂上的两个接触点（腕部与肘部）向前旋转掤挤推乙（图 4–5）。

动作 6：乙根据甲的推力与方向，接触点不丢不顶，身体重心后移落在左脚上，顺势随甲之力轮转左臂捋按，当甲的前推之力走到尽头时，乙松开扶对方左肘之右手，从身前插向甲右手之下，外翻手掌，以右腕部粘上甲的右腕部，同时抽回左手扶在甲的右肘部位，跟随甲推转的方向继续轮转（图 4–6）。如此循环往复进行练习，不丢不顶、粘连黏随熟练后，进入活步推手。

图 4–5

图 4–6

（二）活步推手图解

活步推手练习的具体方法是进三步半，退三步半。两人推手，第一步、第二步时，要求进步的一只脚要踏在对方前脚的外侧；第三步时，则要踏在对方裆部的中间；第四步是跟步，就是第三步踏在对方裆中间后，后脚跟至前脚脚跟旁边，用脚尖虚点地面，称为半步；前进的脚要力求贴近对方的前脚。两人基本在一条直线上，脚步是你进我退、你退我进，上肢和定步推手的手法基本相同，是在随脚步前进或后退的情况下，运用“掤、捋、挤、按”四手法，上下相随周而复始地进行循环练习的。

动　作：甲（左）先抬右脚用掤劲开始，保持身体中正，向前迈进。乙（右）随着甲的进步退右脚，与甲同步进行，上肢捋甲之掤劲。甲前进用挤，乙后退用按，即甲进步一、二用掤，乙退步一、二用捋；甲进步三、四用挤，乙后退三、四用按。按上述要求完成活步推手的三步半步法（图4-7至图4-10），然后乙（右）进甲（左）退（图4-11至图4-14），如此往复练习。

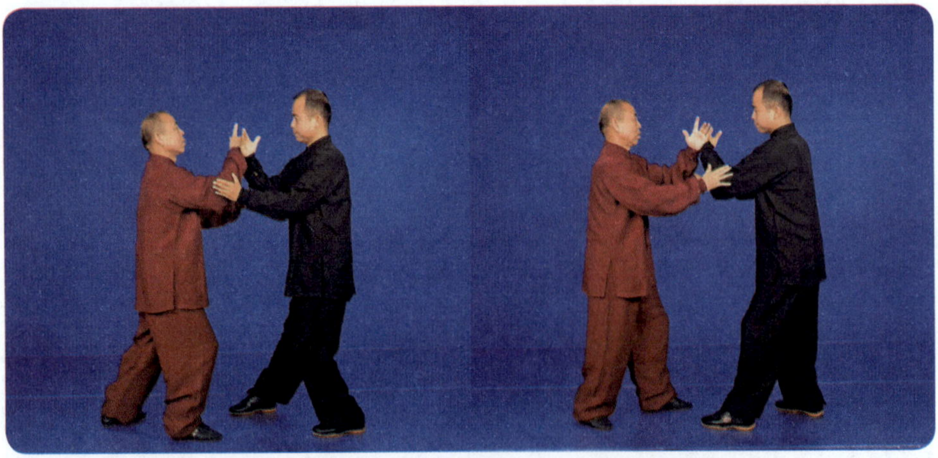

图4-7　　图4-8

活步推手通过前进和后退步法的虚实变换，能逐步培养上下相随的协调性，掌握劲由内换的方法，长期坚持活步推手的习练，便能做到在推手中不丢不顶、粘连黏随。当此法熟练后，便能在推手中知己知彼，觉知得机得势，寻机发劲或控制对方，“引进落空，借力打人”“牵动四两拨千斤”的太极功夫也就唾手可得了！

图 4-9

图 4-10

图 4-11

图 4-12

图 4-13

图 4-14

第五章
武式太极拳招法应用

一、武式太极拳招法简述

武式太极拳具有丰富的中国传统文化的内涵，讲究“君子不先动手”，“如若动手，情面不留”，基本上是在“示弱”或处于守势的情况下，也就是对方先动或先出手抓握或击打我方时，以意领先，后发先至，一触即发，以劲打劲。其招法简洁明快，使用方便，有一定的太极拳和武术基础者，皆可进行习练，可达到强身防身的目的。

开始习练重在熟悉动作，如能与拳架套路、推手方法等结合练习，对于招法动作的正确掌握与使用会有更好的效果，待练到一定程度后，要细心体会招法中的劲法使用。正如《太极拳论》所说：“由着熟而渐悟懂劲，由懂劲而阶及神明，然非用力之久不能豁然贯通焉。”

武式太极拳 108 式动作，从起势到收势，式式是招法，招招皆实用。以下 28 式招法皆选自 108 式，为简单易学常用之法，读者如能长期坚持习练，定能举一反三，逐渐体会出武式太极拳招法与劲法相结合的妙用。

二、武式太极拳招法应用图解

⊙ 第一式：起势

动作：甲（左）乙（右）两人，相向站立，右脚在前，左脚在后。乙上步双手抓握甲的手腕部位（图 5-1），甲顺势抬起双臂上掤，虎口向上，同时对准乙的中轴线，双臂内旋向前、向上将乙发出（图 5-2）。

要点：要意在先，用周身一家之整劲发放。

图 5-1　　图 5-2

⊙ 第二式：懒扎衣

动作：甲（左）乙（右）两人，相向而立，右脚在前，左脚在后。两人右臂相掤，左手扶按在对方右肘之上（图 5-3），此时，甲向右稍转腰沉右肘，右臂同时外旋，左手跟随右手里合，带动乙身体重心向甲右前倾斜时，迅速蹬地回转腰胯，用周身之劲向前将乙发出（图 5-4）。

要点：右臂要有掤劲，右手腕部要主动黏贴对方，沉肘时不可有凹陷，发放劲要整。

图 5-3

图 5-4

⊙ 第三式：提手上势

动作：甲（左）乙（右）两人，相向而立，右脚在前。乙上前双手抓握甲的双手腕部，甲借势迅速上掤（图 5-5），同时左手上提至嘴角高度，右手下按至乙右胯外，向右转动腰胯，向右前迈出右脚，两手合力将乙发出（图 5-6）。

要点：两臂上提下按要协调配合，始终要保持掤劲，不可松懈，转动腰胯时要保持身体中正，不可失重，发放要用身体的整劲。

图 5-5

图 5-6

⊙ 第四式：手挥琵琶

动作：甲（左）乙（右）两人，相向而立，右脚在前，左脚在后。当乙上前抓握住甲的两前臂时，甲两臂右前左后呈手挥琵琶状，借势上掤，接上对方劲头（图 5-7），待乙再向前用力抓握顶抗时，甲顺势将重心后撤，向下落空对方（图 5-8）。乙失去重心后，甲可上步发放对方。

要点：上掤要接上对方劲头，落空要灵活掌握好时机。

图 5-7

图 5-8

⊙ 第五式：左搂膝拗步

动作：甲（左）乙（右）两人，相向而立，左脚在前，右脚在后。乙上前抓握甲的手臂时，甲顺势上掤（图 5-9），同时两臂从腹前上下拉开，左手向左膝外侧画弧搂按，右手上提至嘴角右前方（图 5-10），同时向左边旋转腰胯（图 5-11），当乙失去重心调整步法时，甲用身体整劲两手合力向左前方将对方发出（图 5-12）。

要点：两臂要始终保持掤劲，转腰时保持身体中正，不可前俯后仰，左手搂和右手提要协调一致，发放时要周身一家。

图 5-9

图 5-10

图 5-11

图 5-12

⊙ 第六式：搬拦捶

动作：甲（左）乙（右）两人，相向而立，乙左脚上步，用右手攻击甲左肋部位，甲顺势左脚上步，用左手从里向外搬拦对方右前臂（图 5-13），同时用右拳击向乙方胸部膻中位置（图 5-14）。

要点：搬拦手接触到对方攻击的手臂时，要有向后、向下的粘带劲，击打要充分利用脚的蹬地和腰胯的转动，力要从下向上节节贯穿。

图 5-13

图 5-14

⊙ 第七式：高探马

动作：甲（左）乙（右）两人，相向而立，右脚在前，左脚在后。当乙用右手拉甲的左手腕时（图 5-15），甲顺势迈左脚至乙右脚后方，左手伸向乙脊柱下方命门处，同时，向左微转腰胯，右手击向乙的胸腹部、下颚或面部，使乙失去重心跌倒（图 5-16）。

要点：上左脚要快，同时左手在右手击打时要由乙的命门处向前合力。

图 5-15

图 5-16

⊙ 第八式：肘底捶

动作：甲（左）乙（右）两人，相向而立，右脚在前，左脚在后。乙双手抓握甲的双手并拉扯（图 5–17），甲借力顺势上左脚，同时左臂贴乙的右臂，向前上方掤起接上乙的劲，右拳向乙的肋部猛击，使乙失去重心跌倒（图 5–18）。

要点：顺势借劲，接劲上步击打。

图 5–17　　图 5–18

⊙ 第九式：倒撵猴（右）

动作：甲（左）乙（右）两人，相向而立，右脚在前，左脚在后。当乙用双手抓握甲的右手臂时，甲曲臂向上掤起，接上乙的劲（图 5–19），左手顺势扶上乙的右肘部，同时向右转胯、沉右肘，使乙失去身体重心，甲两腿左蹬右踩，两手合力用周身整劲将乙向右前方发放（图 5–20）。

要点：掤、转、发要连贯，不可有凹陷和停顿。

图 5-19

图 5-20

⊙ 第十式：倒撵猴（左）

动作与要点：与倒撵猴（右）相同，只是方向不同（图 5-21、图 5-22）。

图 5-21

图 5-22

⊙ 第十一式：按式

动作：甲（左）乙（右）两人，相向而立，右脚在前，左脚在后。当乙用双手抓握甲的右手臂时，甲曲臂向上掤起，接上乙的劲（图 5-23），此时，甲顺势向前移动身体重心，右臂向前斜下方用力下按（图 5-24），使对方无法调整身体重心而失去平衡，甲可借此机会上步向前发放对方。

要点：掤、接、按要连贯，意要向下，即寓上意。

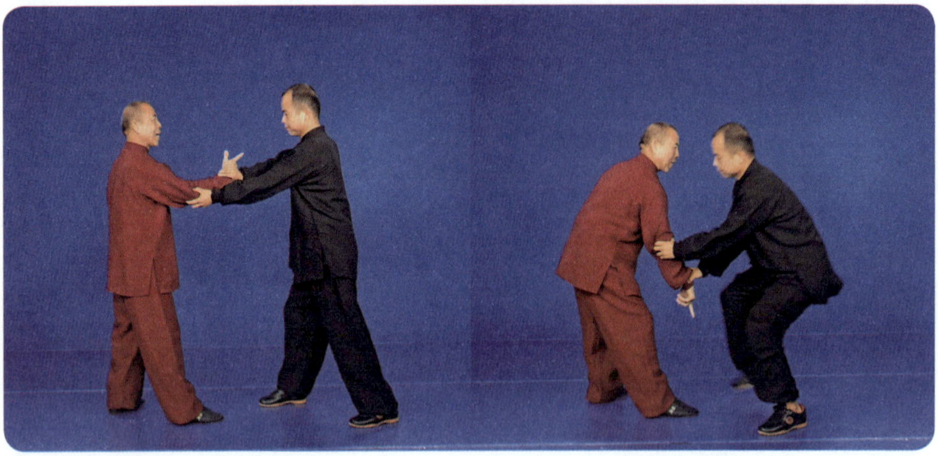

图 5-23　　图 5-24

⊙ 第十二式：三通背

动作：甲（左）乙（右）两人，相向而立，乙右脚上步挥右拳向甲的面部击打，甲抬起右臂掤挡（图 5-25），同时左脚上步至乙的右脚后，向右转身，右臂外旋抓乙的右手，用左手猛击乙的腋下部位或软肋（图 5-26），使乙重心不稳跌出。

要点：掤挡要有向后粘带之意，上步、转身、击打要一气呵成，两臂有对拉之力。

图 5-25　　图 5-26

⊙ 第十三式：云手

动作：甲(左)乙(右)两人，相向而立，右脚在前。乙上前用双手抓握甲的双臂，甲顺势上掤，接上乙的劲(图5-27)，然后向右转胯，同时右手画弧上提，左手画弧向右胯部位内合，对方重心不稳时(图5-28)，甲右脚上步，双手合力向右前方将乙发出(图5-29)。

要点：掤转化发要连贯，要一气呵成，不可有断续。

图 5-27

图 5-28

图 5-29

第十四式：踢一脚

动作：甲（左）乙（右）两人，相向而立，右脚在前。乙挥右拳向甲面部击去，甲上步迎击，两臂在面前十字交叉掤起乙的右臂（图 5-30），外旋左臂抓握乙的右手腕，同时提起右脚弹踢乙的裆部，使其失去进攻能力（图 5-31）。

要点：掤挡要主动，弹踢要迅猛，上下要协调配合。

图 5-30

图 5-31

第十五式：蹬一脚

动作：甲（左）乙（右）两人，相向而立。乙左脚上步并挥左拳向甲的面部击去，甲迅速抬起两臂在面前十字交叉掤挡对方击来之拳（图 5-32），同时提起左脚用脚跟向乙的髋关节或膝关节处蹬去（图 5-33），乙将重心不稳跌出。

要点：主动掤挡迎敌，蹬踹要稳、准、狠。

图 5-32

图 5-33

⊙ 第十六式：栽捶

动作：甲（左）乙（右）两人，相向而立。乙右脚上步挥右拳向甲的面部或胸前击去，甲迅速撤右步，侧身让过来拳，同时，左手向下击打乙的右肘关节，右手借势抓住其手腕，并向后上方引带（图 5–34），乙为了维持身体平衡必定向后抽拽，甲顺势用左手按压其肘关节（图 5–35），右脚上步，右手用力内合，折叠其前臂，并向乙的头后下栽，使其重心不稳摔倒（图 5–36）。

动作：侧身抓臂是关键，借力折叠向内合。

图 5–34

图 5–35

图 5–36

⊙ 第十七式：收身披身

动作：乙(右)用左手抓甲(左)的前衣领时，甲向左转身，左手拿住乙的左手腕，右臂曲臂下按乙的左肘关节，并向左捋直（图 5-37），乙将极力反抗向后抽身，甲顺势右脚上步，向右转身，借乙向后抽身之力双手合力将乙向前发出（图 5-38）。

要点：转身借力，顺势而为。

图 5-37

图 5-38

⊙ 第十八式：巧捉龙

动作：乙（右）双手用力抱着甲（左）的下腰部，欲将其摔倒，甲迅速降低身体重心，同时双手成抱球状，一手扳其下颚，一手扳其头部，两手合力拧乙的项颈，使其失去进攻能力，将其制服（图 5-39、图 5-40）

要点：含胸拔背重心降，双手“抱球”拧颈项。

图 5-39

图 5-40

⊙ 第十九式：野马分鬃

动作：甲（左）乙（右）两人，相向而立。乙右脚上步挥拳击向甲的面部，甲左脚迅速向左横跨一步，同时，右脚向前踏在乙的右脚内侧，左手截击乙的右肘（图 5-41），左脚蹬地，重心前移成右弓步，同时转胯、转肩、外展右臂，用肩靠和甩臂向斜上方击打对方肋部，左臂向斜下方对拉（图 5-42）。

要点：横跨上步截肘的上下肢要协调配合，蹬地、转胯、转肩要节节贯穿。

图 5-41

图 5-42

⊙ 第二十式：玉女穿梭

动作：甲（左）乙（右）两人，相向而立。乙右脚上步并挥右掌击打甲的面部，甲左脚迅速向左横跨一步，同时用左手截击乙的右肘（图 5-43），右

图 5-43

图 5-44

脚上步踩在乙的右脚内侧，右臂同时上掤乙的右臂，蹬地转胯，用左手击打乙的右肋部，也可双手同时用力将乙发出，使乙跌倒（图 5-44）。

要点：横跨上步截肘时上下肢要协调配合，蹬、转、掤、打要一气呵成。

⊙ 第二十一式：更鸡独立

动作：甲（左）乙（右）两人，对面站立。乙右脚上步出右手抓甲的左肩部，甲顺势上左步抬左臂挡挂乙的右手，并抓着其右手腕，同时伸右手扳着乙的右肩后部（图 5-45），然后蹬腿提起右膝顶撞乙的裆部或腹部（图 5-46），当乙因被撞弯腰时，甲借机双手合力发放，使乙跌出（图 5-47）。

要点：上步挡挂迎面上，提膝扳肩合力撞。

图 5-45　　图 5-46

图 5-47

⊙ 第二十二式：对心掌

动作：甲(左)乙(右)两人，相向而立。乙伸出左手去抓甲的右肩，甲顺势右转，左脚上步，左臂同时伸向乙的左肘下面（图5–48），右脚蹬地，向左转胯，同时左臂上挑，猛击乙的左肘关节处，并顺势上掤，乙痛疼松手，身体后仰，甲借机用右掌击向乙的左胸或左肋处，使乙跌出(图5–49)。

要点：转身上掤用腰胯，上步对心用合力。

图5–48

图5–49

⊙ 第二十三式：指裆捶

动作：甲（左）乙（右）两人，相向站立。乙抬右腿向甲的裆部踢去，甲顺势用左手向外扳其右膝，右手握拳（图5–50），重心前移，用右拳猛击乙的裆部或小腹，使乙跌出（图5–51、图5–52）。

要点：上步击打要连贯，周身要协调一致。

图5–50

图5–51

图 5-52

⊙ 第二十四式：上步七星

动作：甲（左）乙（右）两人，相向而立。乙用右手抓甲的衣领部位，甲顺势左脚上步至乙的右脚外侧，用左手按着乙的右手，使乙身体前倾，同时借机出右拳由下向上击打乙的下颚，使乙后仰，并可顺势双手合力将乙发出（图 5-53）。

要点：按乙的右臂引乙至身前，同时蓄劲，击打用周身之力，部位要准，力要由下向上。

图 5-53

第二十五式：十字摆莲

动作：甲（左）乙（右）两人，乙出右拳向甲击去，甲用右臂格挡乙的右臂，同时向乙的右前外侧迈左脚，避开乙的攻击。甲提起右腿斜插向乙的背后（图 5-54），右手、右腿上下合力将乙摔倒（图 5-55）。

要点：迈步、格挡、插步要快，上下肢体的合力要靠腰胯来带。

图 5-54

图 5-55

第二十六式：弯弓射虎

动作：甲（左）乙（右）两人，相向站立。乙右脚上步并用双手抓着甲的双手腕部（图 5-56），甲先用力向上诱使乙用力下按，接上乙的劲后，随即向右转胯，同时双手向下、向右、向上画弧，提起乙的双臂至其右肩外侧，使乙重心不稳（图 5-57），甲顺势向左转动腰胯，双臂向左前方合力发放，使乙跌出（图 5-58）。

要点：欲向下先向上，上掤借力是关键。右转提臂要沉肘，不可上浮。

图 5-56

图 5-57

图 5-58

⊙ 第二十七式：双抱捶

动作：甲（左）乙（右）两人，相向站立。乙左脚上步并用双手抓着甲的双手腕部（图 5-59），甲顺势左脚上步插在乙两腿之间，右脚蹬地，上掤两臂借力（也可两臂外旋借力），接上乙的劲，同时向下、向前对准乙的腹部双拳合力将乙击出（图 5-60）。

要点：掤臂借力是关键，抱拳合力走弧线。

图 5-59

图 5-60

⊙ 第二十八式：收势

动作：甲（左）乙（右）两人，相向而立。乙左脚上步并用双手抓握着甲的双手腕部（图 5-61），甲先向上掤，诱使乙向下用力，甲接上乙的劲后，顺势两掌根下按，使乙重心不稳（图 5-62），然后甲右脚上步并抬起双臂将乙发出（图 5-63）。

要点：上掤接劲是关键，掌根下沉往下按，气沉丹田，不偏不倚。

图 5-61

图 5-62

图 5-63

第六章
武式太极拳十三杆动作图解

一、武式太极大杆简述

武式太极大杆，又称太极大枪，即大杆细的一头加上枪头即为枪，杆子从 2.5 米至 4.5 米不等，多采用白蜡杆制成，其尾部稍粗，能满把抓握，随着杆子长度的增加，练习时需要克服的阻力就越大，练习时的难度也就加大。手握太极大杆配合相应的步法，以披、崩、拖、挂、横、扎、抖、架、挑等杆法组合进行习练，可以增强推手功力，整合裆、腰、臂及全身合力以及推手发放时的长劲爆发力，是被公认的提高太极推手发放功力的行之有效的方法之一。相传过去有些拳师在外教拳，为了保证自身拳术优势，不教大杆，大杆之术只传家人及入室弟子。可见太极大杆在太极拳中的地位与作用。

武式太极大杆传承下来的有四杆术对练、粘黏四杆、四散杆、十三杆套路等内容。其中太极十三杆套路练习最具有代表性。习练者根据图示，结合本书视频录像，合理安排习练内容与方法，完全可以学习与掌握太极十三杆的抖杆技术，最终达到提高太极功力，增强自身体质的目的。

二、武式太极大杆习练注意事项

（1）习练太极大杆前，要充分热身，活动周身各关节，最好是练 1~2 遍架子套路，以身体微微出汗为宜，身体不疲劳、精力充沛时练习最佳。

（2）习练太极大杆，要循序渐进、持之以恒。开始可根据自身需要选取其中的单式进行反复习练，待掌握单个动作后，再组合成套路进行习练。同时大杆的长度要适合自己，可随着功力的增加逐步增加大杆长度。

（3）习练太极大杆一定要配合合理的呼吸方式，要注意“合”为“吸”、为“蓄”，“开”为“呼”、为“发”的原则，同时还应有科学的方法。要想提高发放时的爆发力，一定要注意抖大杆的强度和量，盲目追求抖杆次数有时会事倍功半。

三、武式太极十三杆动作图解

⊙ 预备式

动作：自然站立，右手持杆，紧贴身体右侧，虎口向内，面向正南方（图 6–1）。

图 6–1

⊙ 第一式：绷一杆

动作 1：双手把杆斜放于身体的左前方约 45°，右手抓握大杆尾部，调整呼吸，目视大杆（图 6–2）。

动作 2：右腿后撤，深吸气的同时，左手配合右手，两手同时用力，向上内旋提拧大杆，右手至右肩上方，大杆紧贴胸部，绷力直达杆尖（图 6–3）。

图 6-2

图 6-3

⊙ 第二式：青龙出水

动作 1：右腿屈膝，重心下降至右脚，左脚向正东方迈出，脚尖点地，同时双手持杆合力外旋下按，使杆平贴腹部，目视杆尖（图 6-4）。

动作 2：蹬右腿转身发力，腿部成左弓右蹬形，同时双手合力，右手向下向内旋拧，用周身之劲向前捅杆，向外吐气，力贯杆尖，面向正东，目视杆尖（图 6-5）。

图 6-4

图 6-5

⊙ 第三式：童子拜观音

动作：接上式，右脚向前迈出一步，重心前移，左脚脚尖内扣，身体右转，双手向上、向外拧杆至胸前上掤，身体正对南方，面向东方（图 6–6）。

图 6–6

⊙ 第四式：饿虎扑食

动作 1：接上式，右腿屈膝坐实，身体重心放在右腿上，转体的同时收左脚至右脚内侧前，脚尖点地，双手合力向内向下拧杆，使杆贴至腹前，目视杆尖，蓄劲待发（图 6–7）。

图 6–7

图 6–8

动作 2：蹬右腿，转身发力，腿部成左弓右蹬形，同时双手合力，右手向下、向内旋拧，用周身之劲向前捅杆，向外吐气，力贯杆尖，面向正东，目视杆尖（图 6–8）。

第五式：拦路虎

动作：接上式，向右转身，左脚脚尖内扣成右弓左蹬形，右手提抽，左手向上翻合，向东南方向推拦，杆身后高前低，杆尖接近地面，目视杆尖（图 6–9）。

图 6–9

第六式：拗步

动作：接上式，右脚向后撤步，重心后移，双手右推左拨，向东北方向用力拨挡，杆尖贴近地面，杆身前低后高并紧贴胸前，目视杆尖（图 6–10）。

图 6–10

第七式：斜劈

动作：接上式，两腿支撑不变，右手由上向前、向下弧形旋拧，左手由下向前、向上，周身与双手合力向东南方斜劈，腿部成左弓右蹬形，杆身前高后低，杆尾收于胸腹之间，目视杆尖（图 6–11）。

图 6–11

⊙ 第八式：风扫梅花

动作：接上式，身体重心后坐，腰向左后转，同时右手外推，左手里合，双手合力向东北方横扫大杆，力贯杆身，目视杆尖，面向东北（图6–12）。

图6–12

⊙ 第九式：中军出队

动作1：接上式，右腿屈膝，身体重心放在右腿上，转体的同时收左脚至右脚内侧前，脚尖点地，右手回抽大杆，双手合力向内、向下拧杆、按杆贴至腹前，杆尖稍抬，目视杆尖，蓄劲待发（图6–13）。

图6–13

图6–14

动作 2：接上式，右脚蹬地，身体左转，随身体转动右手向外、左手向内，两手合力旋拧，向前平捅刺杆，力贯杆尖，腿部成左弓右蹬形，面向东方，目视杆尖（图 6–14）。

⊙ 第十式：宿鸟归巢

动　作：接上式，向右脚移动身体重心的同时，左脚跟步后撤，收到右脚前，当身体后坐于右腿时，右手向右胯外沉腕下压，左手上挑，双手合力绷杆斜竖于体前，杆尖指向斜上方约 45° 方向，目视杆尖，面向东方（图 6–15）。

图 6–15

⊙ 第十一式：拖杆败势

动作 1：接上式，身体右转，成右弓步，双手持杆转拧下按，同时回头目视杆尖（图 6–16）。

动作 2：左脚体前横步交叉，向右脚外侧迈步，上体保持不变（图 6–17）。

动作 3：左脚前落后，身体重心向前过渡（图 6–18）。

动作 4：右脚震脚践步，同时左脚再向右脚前交叉一步（图 6–19）。

动作 5：左脚落地后，右脚继续前迈踏实，重心移向右腿，转头目视右手（图 6–20）。

图 6-16

图 6-17

图 6-18

图 6-19

图 6-20

⊙ 第十二式：灵猫捕鼠

动作 1：接上式，身体左转，重心仍在右脚上，双手随腰转动，合力按杆在腰间，面向东方（图 6–21）。

动作 2：接上式，随腰转动，身体重心移至左腿，成左弓右蹬形，双手合力拧杆前捅，力贯杆尖，目视东方（图 6–22）。

图 6–21　　图 6–22

⊙ 第十三式：手挥琵琶

动　作：接上式，右脚向前跟步后再撤回，双手握杆向怀中抽带，重心落在右脚上，目视杆尖（图 6–23）。

图 6–23

⊙ 收势

动作：左脚向右脚靠拢，身体重心落在两脚间，转动身体面向正南方，右手收杆，杆立放在右腿外侧，左手自然收于体侧，调整呼吸，目视前方（图6-24）。

图 6-24

第七章
武式太极拳的“内功心法”

一、武式太极拳“内功心法”简述

太极拳除了吸收道家理论思想用于技击外，还汲取了道教的“导引吐纳”之术，“拳道结合，由道入拳”使太极拳形成了“内外兼修”的完美统一，习练者从中得到了很好的技击效果。武式太极拳的“内功心法”是一种借鉴于道家“导引吐纳”的特殊呼吸方式，是太极拳不可或缺的组成部分，可用于养生和提高技击水平。它和太极拳套路拳架是内与外、表与里的关系。传统太极拳包括“外形”拳架套路和“内功心法”两方面，分则是两个部分，合则为一个有机整体。武式太极拳拳架套路等是练筋骨肢体，练外，是动中求静；而“内功心法”是练神意气劲，内运，是静中求动。只有把拳术中的手、眼、身、法、步与“导引吐纳”有机地结合起来，意识、呼吸、动作三者密切相配，以意导气，以气动身，动静相兼，内外合一，方为内家太极拳真正的功夫。只因“内功心法”“气宜直养而无害”，单练可以祛病、防病、健身、延年，结合套路拳架修炼可以“意到气到，气到力到”，产生鼓荡之劲，使周身一家，结合推手运用，可增强实战技击功效，使太极功夫更加高深，所以在传承上非常审慎，非嫡脉弟子受师傅言传身教不能得，极少数练成也多视为“至宝”，不愿外传。

二、武式太极拳“内功心法”习练注意事项

（一）顺天时

习练“内功心法”，特别是用于养生时，强调习练活动要符合自然规律，要与自然和谐统一。《道德经》中有：“人法地，地法天，天法道，道法自然。”这是养生思想的基本观点。中国古代历法中，根据太阳在黄道上的位置，把全年划分为24个段落，即24个节气，每一节气相隔15天。24个节气的划分，科学地反映了一年当中大自然气候变化的规律，传统医学在此基础上逐渐发现了不同季节的气候特点与人体健康的内在联系，也总结出了一日之内昼夜时辰变化与脏腑经络的一一对应的关系，为此，习练“内功心法”用于养生，要顺应四季变化的特点，遵循一日十二时辰中人体各器官系统的运行变化规律。《黄帝内经》云：“春夏养阳，秋冬养阴”，其意是春夏是阴消阳长之时，习练“内功”应选择在六阳（午时、未时、申时、酉时、戌时、亥时）之时；秋冬是阳消阴长之时，习练“内功”应选择在六阴（子时、丑时、寅时、卯时、辰时、巳时）之时。历代养生理论与案例证实，顺应自然间天地运行与季节变化规律而修炼，使天地人相合，能更好地促进气血运行，收到较好的养生效果（表2）。

表2　十二时辰养生对应时间表

时辰	别名	对应时间	对应气旺的脏腑
子时	夜半、子夜、中夜	23:00—01:00	胆经气旺
丑时	鸡鸣、荒鸡	01:00—03:00	肝经气旺
寅时	平旦、黎明、日旦	03:00—05:00	肺经气旺
卯时	日出、破晓、旭日	05:00—07:00	大肠经气旺
辰时	食时、早时	07:00—09:00	胃经气旺
巳时	隅中、日隅	09:00—11:00	脾经气旺
午时	日中、日正、中午	11:00—13:00	心经气旺
未时	日昳、日跌、日斜	13:00—15:00	小肠经气旺
申时	哺时、日铺、夕食	15:00—17:00	膀胱经气旺
酉时	日落、日沉、傍晚	17:00—19:00	肾经气旺
戌时	黄昏、日夕、日暮	19:00—21:00	心包经气旺
亥时	人定、定昏	21:00—23:00	三焦经气旺

（二）应地利

应地利主要是讲对练功环境的选择，无论是春夏秋冬，在室外练功应选择环境优美、温度适宜、空气清新、无噪音、无污染、无磁场干扰的地方，如避风的平地或宁静的树林、花园等；雷雨、大风、大雾等恶劣天气不可练功。如在室内练功，房内温度不可过高或过低，宜保持室内空气自然流通，切不可对着空调练功，更不可在有“穿堂风”的过道或走廊练功。

（三）讲人和

这里的“讲人和”是在进入“内功心法”基本操作阶段前，习练者自身应该注意的一些必要事项，这是保证“内功心法”基本操作能够顺利完成并形成良好效果的必要条件。具体应做好以下几个方面：

（1）排除杂念，头脑要清醒，昏昏欲睡或精神不佳时不要习练。

（2）排清大小便，不可憋尿、忍便习练，憋尿、忍便会影响入静和练功效果。

（3）穿宽松衣服，利于调整身体使之放松。

（4）饥饿、饱食、饮酒、口渴等状态下不宜习练。

（5）感冒发烧、外伤、感染等疾病情况下不可习练。

（6）女子在月经和怀孕期间，感觉身体不适时应停止习练。正常情况下习练时间不宜太长，强度不宜过大。

（7）男子在房事后不宜马上练功，习练期间应减少房事或禁止房事，以免影响练功效果。

三、武式太极拳“内功心法”习练准备

（一）调身

调身是调控身体使之进入练功状态的操作活动，习惯上也叫“炼形”“身法”等。其目的在于使身体的状态与“内功心法”练功所要求的境界相适应。调身的内容包括外在调控和内在调控两大部分。两者相互影响，息息相关，相辅相成。

外在调控是肢体外在间架、位置的调控，包括姿势和动作的操作。“内功心法”四步功法的习练姿势主要采用的是站式，动作动静相兼，以利于打通经脉、通畅气路而令百脉通达。

内在调控是肢体内在感觉、关系的调控，即对运动感觉与身体各部分的平衡关系进行调控。

首先要求头部微前倾，下颌微收。舌抵上腭，使任督两脉交通。因为头部完全竖直时，颈部是压缩的，不能伸展，唯有头部略前倾，颈部才能充分展开；另外，下颌微收和头部前倾还与含胸拔背的动作紧密相关。

其次是上肢要保持放松，按功法步骤要求，或肩自然下垂，或松肩坠肘，切不可耸肩。耸肩不但使肌肉紧张，而且直接影响气机下沉，有碍于逆腹式呼吸的形成。在进行功法练习要求松肩坠肘臂屈时，应保持两臂虚腋，不要贴在两肋上。从养生的角度讲，这是为了使肢体更加舒展和舒适，如果双臂紧夹两肋，气血的周流必然会受到影响；从推手与实战技击的角度讲，虚腋使臂肘与躯干保持一定的距离，形成“护肫”，留着“余地”，利于挪接对手的劲力进行转化发放。

再次就是含胸拔背、伸腰沉胯与收腹敛臀。含胸就是使天突与两乳头连线组成的胸三角放松，使呼吸顺畅，有利于气机下沉，形成逆腹式呼吸；拔背有利于脊柱伸展，使督脉更为通畅。含胸的程度决定着拔背的程度，含胸不可过度，过度则成驼背。故含胸拔背操作正确时，脊柱的竖直程度比日常要更大一些。但由于下颌微收，脊柱在颈部的生理弯曲会被抵消一部分，脊柱从上到下都能充分伸展。伸腰沉胯中的伸腰就是腰部要挺直，不能塌腰，也不能挺肚子，腹部略向内收，主要是将腰部的脊柱伸直。沉胯是胯部要向下坐，会阴部略向上提，臀部如坐高凳，该动作除利于伸展脊柱之外，还能使身体重心下移——气沉丹田。含胸拔背、伸腰沉胯与收腹敛臀这个动作环节十分重要，从健身养生的角度来说，其有利于脊柱伸展，气血通畅；从推手与技击的角度讲，此环节基本形成五弓之“背弓”之势，气沉丹田，蓄劲待发。

最后就是调整下肢，使之轻松安稳，保持双腿微屈，膝不过脚尖，两脚基本平行，两脚之间的距离与肩同宽或稍宽于肩，身体重心在两脚之间，脚趾微微抓地。此动作符合人体生理的自然姿势，使身体在练功状态下得到稳定支撑，从推手与技击角度讲，利于保持中正“周身一家”之势，利于“前进、后退、左顾、右盼”，“劲起于脚”，使动作更加迅疾快捷。

（二）调息

调息是调控呼吸的操作活动，也称“炼气”“调气”“吐纳”等。调息的意义在于通过调控呼吸而孕育和引导内气，是“内功心法”进入练功状态与境界的重要操作环节。练功开始阶段，须慢慢从日常的自然呼吸方式逐步过渡到腹式呼吸中的逆腹式呼吸，呼吸的深度变长，节奏逐渐变慢，内气的活动逐渐加强。在调息的操作过程中，要将气息“调柔入细，引短令长”；既要轻巧、柔和、自然，主动去调整呼吸，使其向深、长、柔、细的绵绵不绝的方向发展，又不可刻意用力故意憋气，勉强去做，须“用意不用力”。由于内气多随呼气而运行，所以要注意调控呼气，要在呼气时引内气下行，聚于丹田。现代研究证明：调息可以调节自主神经系统中交感神经和副交感神经的兴奋性，从而调整相应的内脏组织器官的功能，结合肢体开合动作，可促进身体健康，增强身体机能。

（三）调心

调心是调控心理状态的操作活动，也称“炼神”“炼己”。其意义在于改变日常意识活动的内容和方式，进入习练太极“内功心法”所需要的意识状态，把日常生活中外向性意识活动转为练功所需要的内向性意识活动，从而推动意识活动内容和方式的变化。调心包括意念调控和境界调控两个方面。意念调控指练功中主动引导、形成或消除特定意识内容的操作，有意守、存想、入静。意守是在主观感觉上将意识移置于某一现实事物的心理活动，意守的对象可以是身体上或身体内、身体外的单一性对象；存想是想象特定的景物至清晰可见、身临其境状态的心理活动，存想可以是特定的情景、事物或偶像等；入静是从安定情绪入手，排除一切意象所引起的直接的或潜在的心理、生理影响，即排除非身心自然影响因素的过程，使肢体、内脏、身心彻底放松。意守、存想、入静皆在于排除练功时的杂念，诱导感受，引导感性经验来直接影响人体气机运行。在练功过程中，通过不断强化意守或存想的对象，诱导出特殊的心理、生理效应。如功法中意守会阴、丹田、命门，存想或观想发放对手、“神意穿锁”力透对手等。

四、武式太极拳“内功心法”习练的具体步骤与方法

在上述各种条件与基本操作都准备好的情况下，读者可根据自身条件和欲达到的具体目标，结合四步功法动作，分级、分段、分步，由初级到高级，由简单到复杂习练武式太极拳“内功心法”。长期坚持习练“内功心法”，身体机能会得到明显改善。如坚持与太极拳行拳走架、推手结合，交替习练，由静到动，动静结合，则能有效提高推手功力，达到意到气到，气到动作到，发放会逐步感觉“力增劲整、周身一家”。

⊙ 第一式：意守会阴

动作要领：两脚平行开立，与肩同宽或略宽于肩，身体正直，百会朝天，肩部放松，两臂自然下垂于体侧，两腋虚空，手指自然弯曲，虎口向前，两膝关节微屈，身体重心落在两脚中间。双目平视前方，由远及近，凝视一固定物作为目标，排除杂念至心静，成基本站立姿势，也称“无极式”。练功开始时，舌头抵住上颚，吸气时缓慢均匀，气由鼻腔入肺，同时两手通过意念从脚下涌泉穴上提“地气”，使意念导引“地气”沿两腿上行至会阴，小腹内收（逆腹式呼吸），身体自然成“提顶”“吊裆”之式。然后把体内之气缓缓呼出，同时用意念导引“地气”从会阴沿两腿原路返回至涌泉穴入地，小腹向外“鼓荡”，身体重心下沉，展胯“竖脊”。开始习练时以9次为宜，习练一段时间后，随着功力渐增，可逐步增加呼吸次数或习练时间。练完后身体成自然站立姿势，过渡到自然呼吸收功（图7-1）。

目标诠释：缓慢深长的逆腹式呼吸，可提高肺泡通气量，提高机体对氧的利用率，并能有效地促进内脏器官的蠕动，利于健康。意念导引“地气”的上行下返，“以心使身”意守会阴，能建立下肢“蓄”与“放”和“呼”与“吸”的良好条件反射，是形成太极拳整劲——“其根在脚，发于腿”的第一步。

吸气动作示范

呼气动作示范

图7-1

⊙ 第二式：意守命门

动作要领：由第一式基本站立姿势开始，抬起两臂，双手合十于胸前，成“童子拜观音”势，松肩沉肘，吸气时，意念导引“地气”从涌泉穴沿着两腿上行至命门，形成含胸拔背之势。同时双手稍用力对压；呼气时，松掉两手对压之力，同时意念导引命门之“地气”缓缓沿两腿原路返回至涌泉穴入地，小腹向外“鼓荡”，身体重心下沉，展髋“竖脊”。开始习练时，以9次为宜，随着功力渐增，可逐步增加呼吸次数或习练时间。练完后身体成自然站立姿势，过渡到自然呼吸收功（图7-2）。

目标诠释：“意守命门”式习练时，逆腹式呼吸比“意守会阴”式稍长，肺泡通气量与机体对氧气的利用率会有所提高，有利于增强身体功能。结合此呼吸方式的动作，在“意守会阴”式建立下肢“蓄”与“放”的基础上，逐步过渡到上肢与之同步的“蓄”“放”或“开”“合”。这是形成太极整劲——“主于腰间，形于手指”的必备前提。

吸气动作示范

呼气动作示范

图7-2

⊙ 第三式：意守丹田（怀中抱月）

动作要领：接上式，由“童子拜观音”势开始，松开合十双手，中指指尖相对，松肩沉肘，成“怀中抱月”势，在逆腹式呼吸“吸气”时，意念导引“地气”从涌泉穴沿着两腿上行至命门，然后分左右沿带脉至丹田，同时两臂有微微向上、向外掤起之意；呼气时，意念导引丹田之气按来路返回，小腹向外“鼓荡”，身体重心下沉，展胯“竖脊”，两肘稍沉，有内旋、发放之意。开始习练时，以9次为宜，随着功力渐增，可逐步增加呼吸次数或习练时间。练完后身体成自然站立姿势，过渡到自然呼吸收功（图7–3）。

目标诠释：“意守丹田”式使呼吸进一步加深，机体对氧的利用率会进一步提高，身体功能会进一步加强。吸气时，身体自然成“裹裆”“护肫”之势，“盖吸则自然提得起，亦拿得人起”；呼气时，“呼则自然沉得下，亦放得出。此是，以意运气，非以力使气也”。一身之劲，渐成一家。

吸气动作示范

呼气动作示范

图7–3

⊙ 第四式：五心归元（龟吸法）

动作要领：接上式，由“怀中抱月”势开始，松肩沉肘，展开双手，五指自然分开，掌心向前，食指与眼睛同高或稍高，成“如封似闭”式。吸气时，意念导引“地气”从涌泉穴沿双腿上行，双手劳宫穴采自然界精华之气与头顶百会穴采天阳之气沿上肢、脊背下行，汇聚于丹田，五心归元；呼气时，小腹向外“鼓荡”，汇聚的丹田之气“炸开”，向五个来时方向返回，身体重心下沉，展胯“竖脊”，两臂松肩沉肘，双手用意前推，意想有“排山倒海之势，万夫不当之勇”。开始习练时，以9次为宜，随着功力渐增，可逐步增加呼吸次数或习练时间。练完后身体成自然站立姿势，过渡到自然呼吸收功（图7-4）。

目标诠释：“五心归元”式习练，“气”行线路长，呼吸深度应基本达到习练者所能承受的极限，必须在上述三步功法习练到一定程度时才能进行。长期习练，能有效提高习练者的心肺功能，益于身心健康。“五心归元”式，吸气时，“先在心，后在身，动牵往来气贴背，敛入脊骨”，肢体自然成“提顶、吊裆、含胸、拔背、裹裆、护肫、松肩、沉肘”之势，“身备五弓”水到渠成，呼气时，“劲起于脚跟，运行于腿，主宰于腰，形于手指，发于脊背”，一身之劲，练成一家！

吸气动作示范

呼气动作示范

图7-4

参考文献

[1] 于志钧 . 中国太极拳史 [M]. 北京：中国人民大学出版社，2012.
[2] 李亦畬 . 王宗岳太极拳论 [M]. 二水居士校注 . 北京：北京科学技术出版社，2016.
[3] 林冠澄，张厚忠 . 阴阳相济太极劲法的科学与应用 [M]. 北京：人民体育出版社，2014.
[4] 梅墨生，李树峻 . 李经梧太极内功及所藏秘谱 [M]. 北京：当代中国出版社，2010.
[5] 刘天君 . 中医气功学 [M]. 北京：中国中医药出版社，2011.
[6] 王凤鸣 . 太极内丹功 [M]. 北京：人民体育出版社，2015.
[7] 程克锦 . 道家养生功大观 [M]. 沈阳：辽宁科学技术出版社，2015.
[8] 唐豪，顾留馨 . 太极拳研究 [M]. 北京：人民体育出版社，1992.
[9] 王宗岳等 . 太极拳谱 [M]. 沈寿点校考译 . 北京：人民体育出版社，1995.
[10] 姚继祖 . 武式太极拳全书 [M]. 太原：山西科学技术出版社，1998.
[11] 季培刚 . 太极往事：晚清以来太极拳的传承谱系 [M]. 北京：中国商业出版社，2011.
[12] 姚志公，郭振兴 . 武式太极拳诠真 [M]. 长春：吉林大学出版社，2017.
[13] 郭福厚 . 太极拳秘诀精注精译 [M]. 北京：人民体育出版社，2015.